Der Pastor aus Ostfriesland

Das bunte Mosaik einer besonderen Berufung

von Diederich Lüken

Impressum:

Der Pastor aus Ostfriesland

Das bunte Mosaik einer besonderen Berufung

von Diederich Lüken

Herausgeber: Hans-Jürgen Sträter

Herstellung und Verlag: BoD Books on Demand Norderstedt

ISBN: 9783755753407

Ausgabe vom 1. Februar 2022

Coverfoto: privat: „Alte Methodistenkirche

in Stuttgart-Bad Cannstatt"

Vorwort

Ich bin Ostfriese. Und ich bin Pastor. Allerdings hat meine Kirche mich nie in Norddeutschland, geschweige denn in Ostfriesland eingesetzt. Ich war in Essen, Bebra, Velbert und Stuttgart. Überall aber, wo ich meine Heimat offenbarte, zauberte dies ein Lächeln auf die Gesichter meiner Zuhörer. Ja, die Ostfriesenwitze wirkten lange nach. Meine Liebe zu Ostfriesland hält bis heute an. Sie war manchmal so heftig, dass ich mich heimatlos fühlte. Aber Dienst und Ehegespons sprachen gegen eine Übersiedlung. So behielt ich meine Heimat in meinem Herzen. Ich blieb Ostfriese.

Diese Aufzeichnungen sollen niemanden vorführen oder verletzen. Deshalb sind, von wenigen Ausnahmen abgesehen, alle Namen geändert. Sollte sich ein Leser finden, der den gleichen Namen wie den von mir erfundenen trägt, so ist dies Zufall und in keiner Weise beabsichtigt.

Begegnungen mit vielen Menschen, Einfluss auf viele Lebensläufe, gute Erlebnisse, Enttäuschungen und manche Überraschung und Freude: Das fügt sich zusammen zu einem ganzen Pastorenleben. Das meiste geht im Fluss des Vergessens unter, anderes prägt sich unauslöschlich der Erinnerung ein. Es sind oft kleine Schlaglichter auf den pastoralen Dienst, manchmal Erfahrungen und Entscheidungen von erheblicher Tragweite, die im Gedächtnis bleiben. Manches führt zu einer Anekdote, anderes zeugt von ernsthaften Konflikten. Manches Traurige ist dabei, persönliche Katastrophen, aber auch manche Genugtuung. Alles aber geschieht unter dem Anspruch und Zuspruch des Wortes Gottes, das der Pastor zu verkündigen hat.

Wenn ich nun aus meinem Leben erzähle, so ist das keine Autobiographie. Sie ist ja doch in den meisten Fällen die Maniküre an den Fingernägeln der eigenen Geschichte, wie jemand mal festgestellt hat. Es geht noch weniger darum, meine eigene Existenz als Christ und Pastor in den Mittelpunkt zu stellen. Da gäbe es reichlich Schattenseiten. Der Sinn dieser

Aufzeichnungen liegt darin, den Leser zum Schmunzeln und zum Nachdenken anzuregen. Wenn er am Ende vielleicht sogar mehr Freude an seinem Christsein hat, wenn er die heiteren und ernsten Seiten seines Glaubens mehr zu schätzen weiß, hat sich die Lektüre gelohnt.

Der Pastor und seine Autos

„Das schaffst du doch nie!" dekretierte meine Schwester, und der Gehilfe meines Vaters setzte hinzu: „Ich dachte, du wolltest dich an diesem Morden nicht beteiligen!" Es ging um meinen Führerschein, den ich nun endlich zu machen gedachte. Man war in meiner Familie der Meinung, dass ich keinerlei technisches Verständnis aufbrächte und nicht in der Lage sei, auch nur in die Nähe eines Führerscheins zu kommen. Tatsächlich hatte ich einmal geäußert, ich würde mich nicht daran beteiligen, dass so viele Menschen auf der Straße stürben. In Wahrheit hatte ich einen hohen Respekt vor der Kunst des Autofahrens. Man müsse, so dachte ich, jede Sekunde die Augen auf der Straße haben, dürfe niemals auch nur im Geringsten nachlassen in seiner Aufmerksamkeit – und dazu fühlte ich mich fünf Jahre lang nicht in der Lage. Doch während meiner theologischen Ausbildung wurde mir klar, dass ich einen pastoralen Dienst nur mit Mühe ohne Auto würde ausüben können. So entschied ich mich mit meinen 23 Jahren, nun doch den Führerschein zu machen. Mein Vater übernahm die Finanzierung. Zu meiner Genugtuung bestand ich die Prüfung gleich beim ersten Versuch. Ich bekam dann von meinem Vater einen weißen VW Variant geschenkt, und die Fahrten konnten beginnen.

Ich war ein schneller Fahrer. Statt 100 Kilometer pro Stunde fuhr ich gewöhnlich 140 km/h, wo ich es für möglich hielt. Es war unvermeidlich, dass die Polizei mich erwischte. Ich sollte eine Strafe zahlen, 10 DM. Ich hatte keinen Pfennig bei mir, und fahren lassen wollten mich die Polizisten auch nicht. Da fiel mir ein, dass ich die Telefonnummer bei mir hatte. Der

Streifenwagen verfügte über ein Autotelefon Ich rief jemanden aus der Gemeinde an, in der ich Dienst tat, und bat ihn, mir aus der Patsche zu helfen. Eine halbe Stunde später kam er grinsend an und bezahlte meine Schuld. Auf mein hohes Tempo angesprochen gab ich die ziemlich arrogante Antwort: „Ich weiß ja, wer fährt!" Diese Arroganz sollte mir jedoch gründlich vergehen.

Es geschah während einer Begegnung zweier Jugendgruppen. Die eine war in Reutlingen zu Hause, die andere in Ostfriesland. Ich leitete die Freizeit und sorgte für die notwendigen Gegenstände und Lebensmittel. In meinem Wagen befanden sich ein Filmvorführgerät, Dosen mit Filmen und neben einigen Konserven Säcke mit Nudeln. In gewohnt schneller Fahrt schnitt ich die Kurven auf den engen Landstraßen Ostfrieslands. Was dann geschah, habe ich nur bruchstückhaft in Erinnerung und weiß nicht, welche mit den Tatsachen übereinstimmen und welche nur meinem verwirrten Gehirn entsprangen. Ich sehe mich aus dem Auto klettern, das auf dem Dach liegt. Ich sehe mich bei einem Verwandten auftauchen, unfähig, das Geschehene zu berichten. Ein Nachbar kommt und sagt, auf dem Acker meines Verwandten liege ein Auto, ein weißer Variant. Man schaut mich mit großen Augen an und fragt mich, ob das wohl mein Auto sein könne. Dann reißt der Faden ab. Das nächste, was ich sehe, ist mein auf dem Dach liegendes Auto, und ich fange an zu schreien: „Das schöne Auto, das schöne Auto!" Wieder reißt der Faden ab. Das nächste, dessen ich mich erinnere, geschieht im Wagen meines Vaters. Er hat mich von der Unfallstelle geholt und fährt mit mir nach Hause. „Habe ich einen Unfall gehabt?" frage ich. – „Ja!" – „Ist jemand verletzt?" – „Nein." – „Gott sei Dank!" Mein Vater eröffnet mir, dass ich dasselbe wohl schon 20mal gefragt und gesagt habe. Ich kann es kaum glauben, und mein Vater kann nicht glauben, dass mein Bewusstsein wieder funktioniert. Aber es funktioniert wieder, und mit einiger Mühe erkennt das auch mein Vater.

Das Filmvorführgerät hatte keinen Schaden erlitten. Aber die Säcke mit den Nudeln waren aufgeplatzt, die Nudeln hatten sich auf dem Acker verteilt. Die Teilnehmer der Begegnung waren nun darauf angewiesen, auf dem Acker ihre Nahrung zu sammeln, beinahe wie Naemi in biblischen Zeiten auf dem Acker Boas'.

Am nächsten Tag hatte ich alle meine Sinne wieder beieinander. Es war für mein Selbstwertgefühl hilfreich, dass einer der Teilnehmer mir seinen Wagen trotz meines Unfalls zur Verfügung stellte. Die Freizeit ging ohne weitere Unfälle zu Ende. Ich bin übrigens bis heute davon überzeugt, dass ein Reifen geplatzt war. Drei Reifen des Autos waren unverletzt, der vierte platt. Aber vielleicht glaube ich das auch nur, weil ich keinen Fehler zugeben möchte.

Wenig später stand ein neuer weißer VW Variant vor der Tür. Mein Vater hatte es mir gekauft. Ich fuhr ihn zu einem wirtschaftlichen Totalschaden. Das aber hatte mit meinem Beruf nichts zu tun. Neben mir saß meine Freundin – ich denke, das sagt alles.

Das darauffolgende Auto war ein knallgelber VW Passat Kombi. An diesem Fahrzeug hatte ich viel Freude. Aus meinem Unfall hatte ich jedoch wenig gelernt. Immer noch fuhr ich so schnell, wie es die Straßenlage nur erlaubte. Ein junger Freund und ich hatten die Angewohnheit, jeden Buchstaben eines Nummernschildes als ersten Buchstaben eines Wortes zu verwenden und die so erzeugten Wörter zu einem mehr oder weniger sinnvollen Satz zu verbinden. Der junge Mann fuhr mit mir zu einem kirchlichen Termin und begann, aus den Buchstaben meines Wagens einen Satz zu bilden. Mein Nummernschild enthielt damals die Buchstaben HEFZK. Er formulierte: „Hilfe, er fährt zur Kirche!" Dazu passt, dass ein anderer Freund, mit dem ich oft unterwegs war, mir einen Traum erzählte, in dem ich mit Blaulicht durch die Straßen raste und per Megaphon unablässig ausrief: „Vorsicht, Pastor!"

Eines Abends fuhr ich von einem Termin in meiner weitläufigen Gemeinde durch Regen und Schnee nach Hause. Unterwegs nahm ich noch einen Anhalter mit; in dieser Gegend mit ihrem schlecht ausgebauten öffentlichen Nahverkehr gehört das zum guten Ton. Kurz vor meinem Zuhause stieg er aus. Ich hatte noch eine kurze sehr steile Strecke zu fahren. Dass Schnee lag, störte mich nicht und ich fuhr hinunter. Das heißt, ich wollte hinunterfahren. Aber der Wagen verwandelte sich in einen Schlitten, nicht zu bremsen, nicht zu steuern. Die Straße mündete in eine T-förmig quer verlaufende Straße, und mein einziger Gedanke war: Hoffentlich kommt jetzt niemand von rechts oder links. Es kam niemand, und mit Karacho stieß ich an eine Hauswand. In der Kneipe gegenüber hörte man diesen Lärm und eilte nach draußen, um die Ursache festzustellen. Sie alle rutschten aus und landeten auf ihrem Gesäß. Es gab keine Chance bei der überfrierenden Nässe.

Der Wagen war natürlich ordentlich verbeult, ob auch der Motor gelitten hatte, wusste ich nicht. Er kam in meine Vertragswerkstatt. Davon kam er lange Zeit nicht zurück. Schließlich telefonierte ich täglich mit der Werkstatt und wurde von Tag zu Tag vertröstet. Nach der ungewöhnlich langen Zeit kam der Wagen zu mir zurück. Bei einem Anstandsbesuch in jener Kneipe erfuhr ich von einem Mitarbeiter der Werkstatt den Grund für die Verzögerung. Der Wagen war falsch auf eine Hebebühne gefahren worden und von dort heruntergefallen. Das Ärgerliche war nicht dieser erneute Unfall. Es war der Umstand, dass man es nicht für nötig oder auch nur für anständig gehalten hatte, mich nicht im Unklaren zu lassen. Ich suchte eine andere Werkstatt. Aber auch mit ihr erlebte ich ein kleines Abenteuer. Aber davon später.

Das Ende dieses Wagens geschah nicht direkt auf einer Dienstfahrt, aber auf einer Fahrt in einer Samstagnacht auf den Sonntagmorgen hin, an dem ich zwei Gottesdienste zu leiten hatte. Es war ein wunderbarer Abend mit unserem Freund Georg Hesse und seiner Frau. Wir saßen auf der Terrasse eines Stuttgarter Restaurants. Der Septemberabend war ungewöhnlich warm, und wir zögerten den Abschied immer wieder hinaus. Um ein Uhr sagte ich dann: „Nun muss ich aber fahren, in acht Stunden muss ich einen Gottesdienst halten." Zwischen der Restaurantterrasse und der Kanzel lagen etwa 500 Kilometer. Es wurde wahrhaftig Zeit, sich in den Wagen zu setzen. Meine Frau fuhr. Immer wieder bot ich ihr an, das Steuer zu übernehmen. Sie aber betonte jedes Mal: „Du musst gleich predigen. Lehne dich zurück und schlaf!" Das tat ich denn auch. Als ich erwachte, schleuderte das Auto von einer Straßenseite zur anderen. Ich schwieg und verharrte regungslos. Schließlich landete auch dieses Fahrzeug auf dem Dach. Nach kurzer Besinnung fragte ich meine Frau: „Ist dir auch nichts passiert?" Nein, auch ihr war nichts passiert. Sie war während der Fahrt eingeschlafen. Meine Frage war für sie eine große Erleichterung. Sie enthielt ja die Auskunft, dass auch mir nichts passiert war.

Nach kurzer Zeit kam die Polizei und nahm den Unfall auf. Der Abschleppwagen nahte sich – nach meinem Empfinden jedoch aus der falschen Richtung! Erst daran merkte ich, dass zwischen dem Unfall und unserem Zuhause noch nicht einmal fünf Kilometer lagen. Meine Frau war buchstäblich auf dem letzten Abschnitt eingeschlafen. Das versetzte mir dann doch einen Schlag in die Magengrube.

Meine beiden Gottesdienste hielt ich dann mit Hilfe eines Taxifahrers, der sich über den, wie er sagte, „warmen Regen" freute. Zum ersten Gottesdienst kam ich eine Viertelstunde zu spät und konnte mich mit dem Unfall entschuldigen. Gemeindeglieder, die sich den Wagen später anschauten, fassten es nicht, dass aus den Trümmern zwei Menschen unverletzt herauskommen konnten, und schrieben dies dem Wirken Gottes zu – „Da hat einer seine Hand über euch gehalten!" – dem war nicht zu widersprechen.

Ein neuer Wagen musste her. In einigen Monaten erwartete ich die Auszahlung meines Sparvertrages, dann würde ich mir ein neues Auto leisten können. Die Zeit bis dahin musste überbrückt werden. Ich sprach mit dem Seniorchef des Autohauses meiner Wahl. Er bot mir alte Gebrauchtwagen an. Ich entschied mich für einen hellblauen Audi. Ich fragte allerdings den Seniorchef, ob es das Gefährt noch bis Korsika und zurück schaffen würde. Selbstverständlich, war die Antwort. Na, dann war es ja gut. Ich lud wenig später meine Frau und ein befreundetes Ehepaar ein und machte mich auf den langen Weg nach Marseille, wo wir zur Insel übersetzten. Der Wagen funktionierte einwandfrei, und bis auf eine einmal geleerte Batterie war alles in Ordnung.

Auf der Rückfahrt machten wir in der Schweiz Halt und nahmen ein Zimmer in einem sehr sauberen Hotel. Am nächsten Morgen verabschiedete sich der Wirt, und ich sagte, wir müssten ja noch bezahlen! „Ja, das muss auch sein!" beschied er uns mit kehliger Aussprache. Ich entgegnete: „Von uns aus müsste das überhaupt nicht sein." Darauf er: „Am Ende haben wir alle gleich viel!" – eine Bemerkung, die wohl des Nachdenkens wert war.

Wir fuhren in die Nacht hinein, als es plötzlich erbärmlich zu regnen anfing. Damit nicht genug, zog der Wagen plötzlich entschieden nach rechts. Ich drosselte das Tempo und hielt kräftig dagegen. Jetzt, mitten in der Nacht bei Regen, ein Reifenwechsel? Und wenn es gar nicht der Reifen war? Ich fuhr weiter, immer das Steuer nach links ziehend. Es graute schon der Morgen, als wir endlich bei unserer Wohnung ankamen. Schnell noch ein paar Stunden geschlafen und dann gepredigt! So dachte ich. Aber als ich am nächsten Morgen mein Auto betrachtete, sah ich, dass der Reifen vorne rechts in der Tat platt war. Geschicklichkeit, Glück, Bewahrung – was hatte dazu geführt, dass wir nicht alle im Graben gelandet waren? Jedenfalls konnte ich den Wagen in diesem Zustand nicht fahren; und da ich einen Gottesdienst hatte, konnte ich auch nicht gerade mal den Reifen wechseln. Zum Glück aber waren während unseres Urlaubs Freunde in unsere Wohnung gezogen, um dort Ferien zu machen. Ihr Wagen stand schon vollbepackt zur Abreise bereit. Schnell wurde er wieder ausgeladen und ich kam noch rechtzeitig zu meinem Gottesdienst, in dem ich wieder etwas über mein Auto zu berichten wusste.

Am Nachmittag wollte ich den Reifenwechsel vornehmen. Im Wagen befand sich ein kreuzförmig angeordneter Schraubenschlüssel in vier Größen. Zu meinem Schrecken passte keine davon zu den Muttern an meinen Rädern. Nun war ich doppelt froh, den Wagen trotz des platten Reifens bis nach Hause gefahren zu haben. Ich musste mir vorstellen: Mitten in der Nacht bei strömendem Regen verlassen meine Freunde, meine Frau und ich den Wagen, bocken ihn auf und finden keine Möglichkeit, den Reifen zu wechseln. Man kann mit einem Platten nicht weiterfahren, wenn der Wagen erstmal steht.

Am Montagmorgen um acht Uhr rief ich meinen Autohändler an und beklagte mich wegen des fehlerhaften Schraubenschlüssels und forderte, jemand müsse kommen und den Reifen wechseln. Der Seniorchef war am Apparat und versprach, sofort jemanden zu schicken. Um neun Uhr war noch niemand gekommen – ja, so der Seniorchef, es sei schon jemand unterwegs. Um elf Uhr, wieder der Seniorchef: „Ach, ist der noch nicht bei Ihnen? Er sollte längst gekommen sein. Ich schicke ihn jetzt unverzüglich." Um zwölf Uhr, der Seniorchef: „Ja, er hatte noch einen anderen Auftrag, jetzt kommt er ganz bestimmt!" Um ein Uhr: „Ja, ich sehe ihn gerade in den Wagen steigen, er ist schon auf dem Weg zu Ihnen." Nach einer weiteren halben Stunde kam ein Wagen der Firma vorgefahren. Es stieg aus: der Seniorchef in Person! Ich sah es ihm nach, dass er mich beschwindelt hatte. Es war mir Genugtuung genug, dass er als Seniorchef selbst kommen musste, nur um einen Reifen zu wechseln.

Ich erzählte ihm, dass der Wagen anstandslos nach Korsika und zurück gefahren sei. Er machte große Augen und sagte: „Was? In dieser alten Kiste sind Sie noch nach Korsika gefahren?" Er selbst hatte mir versichert, dass das kein Problem sei!

Ein paar Monate später verkaufte ich den hellblauen Audi an meinen Kollegen. Er zahlte anstandslos die von mir erbetenen 1000 Mark. Er machte keinen guten Kauf, denn der Wagen blieb alle paar Kilometer einfach stehen. Nach einer Art Ruhepause fuhr er weiter. Der Kollege hat sich dazu nicht geäußert.

Nach Auszahlung des Sparvertrages kaufte ich mir ein nigelnagelneues hellgelbes Auto. Es war ein Diesel für kleinere Autos in seiner ersten Generation. Damals galt ein Diesel für umweltverträglicher als ein Benziner. Außerdem war der

Wagen sparsamer, so dachte ich jedenfalls, und der Preis für den Dieselkraftstoff war ja auch merklich niedriger als der für normales Benzin. Ich sollte mich getäuscht haben. Ich dachte natürlich, der Wagen würde mindestens zehn Jahre halten wie andere Dieselfahrzeuge auch. Aber als ich bei 80.000 gefahrenen Kilometern auf dem Weg zu meinem Winzer fuhr, streikte der Motor. Ich ließ mich zur nächstgelegenen Werkstatt abschleppen. Es stellte sich heraus, dass ein neuer Motor eingebaut werden musste, weil der alte in einen Zustand geraten war, in dem man ihn nicht reparieren konnte. Wir nahmen einen Leihwagen, und nach einigen Tagen hatte das Auto einen neuen Motor. Der durch den Dieselkraftstoff eingesparte Betrag war damit weit übertroffen.

Aber der Abenteuer mit diesem Auto ist noch kein Ende. So verlor ich durch eine spontane Wettfahrt meine verkehrstechnische Unschuld. Es war auf einem zweispurigen Abschnitt zwischen zwei Baustellen, auf denen der Verkehr einspurig rollte – oder auch nicht. Ich fuhr auf der linken Spur, die nächste Baustelle im Blick. Da versuchte jemand, mich rechts zu überholen. Das fand ich unverschämt, und ich wollte es nicht zulassen. Ich beschleunigte, er beschleunigte; so fuhren wir beide nebeneinander her. Der andere beschleunigte noch mehr, ich ebenfalls. Das Ende der zweiten Spur kam bedrohlich nahe. Sollte doch der andere abbremsen! So rasten wir nebeneinander dem Ende der Zweispurigkeit entgegen. Es war ein Glück, dass dort eine Abzweigung kam und mein Kontrahent die Kurve in die Nebenstraße kriegte. Wer weiß, was hätte passieren können, hätte es diese Abzweigung nicht gegeben! Nach ein paar hundert Metern war das Parken am Straßenrand freigegeben. Ich hielt an, stellte den Motor aus und atmete tief durch. Ich schämte mich vor mir selbst in Grund und Boden. Wie konnte ich nur so töricht sein! Es war nichts als Bewahrung, die uns vor einer Katastrophe gerettet hatte. Ich schwor mir, nie wieder so rücksichtslos zu sein.

Ähnlich erging es mir mit der Katze. Wie üblich war ich etwas spät dran und missachtete jegliche Tempovorschrift. Eine Katze lief mir vor den Wagen; aber anstatt zu bremsen, was sehr wohl möglich gewesen wäre, überfuhr ich sie einfach. Es gab einen kleinen Ruck, und ich wusste, die Katze lag tot auf der Straße, zermatscht von meinem Reifen. Was ich nicht wusste und natürlich bis heute nicht weiß, wieviel Trauer ich in einem Kinderherzen damit verursacht haben könnte. Wenn ich an diese Begebenheit denke, schäme ich mich immer noch.

Wegen einer Kleinigkeit gab ich den Wagen in meine Stammwerkstatt. Als ich ihn wieder abholte, erzählte ich dem Inhaber von meinem Missgeschick mit dem Motor. Er fragte, ob es wirklich ein neuer Motor sei. Ich konnte das nur bestätigen. „Dann", sagte er und zeigte auf einen Saab, „dann verkaufe ich Ihnen diesen Saab für Ihr Auto und 15000 Mark." Nach einer Bedenkzeit und der Kontrolle meines Budgets stimmte ich dem Tausch zu. Es war ein seltenes Gefährt auf deutschen Straßen und besaß eine luxuriös erscheinende Ausstrahlung. Ich hatte viel Freude an diesem Auto; es war das Beste, das ich mir je geleistet habe.

Eines Tages rief der Inhaber der Werkstatt bei mir an und bezichtigte mich des Betruges. Ich war völlig konsterniert und begriff nicht, was er wollte. „Doch ja!" schnauzte er mich an, „Sie haben mir gesagt, Ihr Wagen habe einen neuen Motor. Damit habe ich ihn verkauft. Und nun ist er stehengeblieben bei einem Kilometerstand von 160000 Kilometern, erreichte also mit dem Motor, den Sie mir für neu verkauften, nur 80000 Kilometer. Das ist unmöglich, wenn der Motor wirklich neu gewesen war. Er war es definitiv nicht. Sie haben mich betrogen!" Ich versicherte ihm, dass wirklich der Motor neu gewesen sei. Er verlangte einen Beweis. Nun ging ich damals recht fahrlässig mit meinen Papieren um und konnte die Rechnung nicht finden. Fax und E-Mail gab es noch nicht und auf die Post vertrauen wollte ich auch nicht. So fuhr ich denn mit meinem Saab zu der Werkstatt, die den neuen Motor eingebaut hatte. Dort konnte man mir mit einer Fotokopie des damaligen Vorgangs aus der Patsche helfen. Später erfuhr ich, dass kaum ein Motor dieser Baureihe die 80000-Kilometer-Grenze überschritten hatte. Der Motor war halt nicht aus Gusseisen, sondern nur aus Blech.

Der Inhaber der Werkstatt meldete sich nie wieder bei mir und ich mich nie wieder bei ihm.

Das neue Auto war über Jahre hin ein sicheres, angenehmes Gefährt mit dem Flair eines gewissen Luxus'. Das erregte bei einigen Gemeindegliedern Neid. Aber der war gut zu verkraften und hielt sich auch nicht lange. Ich holte mit ihm ältere Gemeindeglieder ab, die ohne Wagen waren und deshalb nicht hätten kommen können. Zwei Erlebnisse haben sich im Gedächtnis gehalten.

Einer älteren Dame bot ich an, sie sonntags zum Gottesdienst abzuholen und zurückzubringen. Ich stand schon vor meiner Garage, als sie sagte: „Herr Lüken, ich bin nur noch ein halber Mensch, nichts mehr wert." Ich entgegnete: „In den Augen Gottes und auch in meinen Augen sind Sie ein vollwertiger Mensch, geliebt und geachtet." Sie schaute mich an. Ein solches Strahlen in Augen und Gesicht hatte ich selten gesehen.

Eine andere Dame, Frau Schnelle (Name geändert), kam aus dem Banat und war ein Mensch mit einem großen Herzen; sie versorgte bei den Seniorennachmittagen die Teilnehmer und Teilnehmerinnen stets mit ihrem guten Kaffee. Wie umsichtig sie dachte, geht aus einem kleinen Dialog hervor. Ich machte in dieser Runde den Vorschlag, Kaffee aus dem Eine-Welt-Handel zu kochen. Das wurde vehement abgelehnt. Dieser Kaffee schmecke doch gar nicht. Beim Aufräumen nach der Veranstaltung sagte Frau Schnelle mir: „Ich nehme seit einem Jahr nur noch Kaffee aus dem Eine-Welt-Handel. Aber das muss ja niemand wissen."

Eines Tages saß ich an meinem Schreibtisch und tat das, was notwendig war: Ich versuchte, aus dem Chaos eine geordnete Arbeitsfläche zu schaffen. Da klingelte das Telefon. Am Apparat war Frau Schnelle. „Herr Pastor, wo bleiben Sie denn? Sie wollten mich doch abholen!" Ich erschrak. Tatsächlich, es war Mittwoch, Seniorennachmittag. Ich hatte es völlig vergessen. Ich sprang geradezu in meinen Wagen und fuhr so schnell wie möglich zu ihrer Wohnung, jedes Tempolimit missachtend. Darin hatte ich ja nun Übung. Aber leider wurde ich gestoppt.

Ich war in eine Radarfalle geraten, die Polizei hatte mich erwischt. Aber auch unter Polizisten gibt es Menschen mit Herz. Ich schilderte meine Lage, bot schnelle zwanzig Mark an, damit ich ja schnell weiterfahren konnte. Der Polizist sagte: „Fahren Sie schnell weiter und geben Sie am Sonntag 50 Mark in Ihre Kollekte." Erleichtert fuhr ich davon. Der Gute hätte auch bemerken können, dass ich den TÜV-Termin weit überschritten hatte.

Bei einer Fahrt hatte ich einen Eimer mit Altöl vor den Beifahrersitz gestellt. Er fiel bei einer Bremsung um. Der Boden war mit Öl bedeckt und ich musste eine Frau abholen. Mit hochgehobenen Beinen kam sie ans Ziel. Ich stand vor einem Rätsel. Wie sollte ich das Öl aus dem Wagen herausbringen? Ich holte schließlich einen Eimer und einen Löffel und löffelte buchstäblich das Öl auf – sehr zum Vergnügen eines Nachbarn, der mir dabei zusah.

Der Wagen nahm ein unrühmliches Ende. Nachdem ich sechs Jahre lang ohne nennenswerte Reparaturen gefahren war, kamen jetzt die Schäden. Einmal brach die Rückenlehne des Fahrersitzes nach hinten. Ich brauchte zwei Reparaturen, bis dies behoben wurde. Es folgten Schäden am Motor. Es wurde immer teurer. Dann kam ein undefinierbares Geräusch aus dem Motor. Niemand wusste, warum. Schließlich bot mir jemand für das Wrack tausend Mark. Ich nahm das Geld.

Einen solchen Wagen habe ich nie wieder gefahren.

Von einem Schwager kaufte ich einen roten Opel Vectra. Dieses Gefährt erwies sich als sehr zuverlässig. Deshalb erschrak ich umso mehr, als beim Anlassen ein lautes Wummern ertönte. Schnell stellte ich den Motor wieder ab und überlegte, was wohl der Grund dafür sein könnte. Ich fand keinen. Ich ließ den Motor wieder an – das gleiche Wummern. Was war zu tun? Sollte ich mit dem wummernden Motor zur Werkstatt fahren? Sollte ich den Wagen stehen lassen und auf andere Weise nach Hause kommen und von dort eine Werkstatt beauftragen? Ich drehte den Schlüssel wieder um – unverändert hörte ich das Wummern. Einer plötzlichen Eingebung folgend

14

schaltete ich das Radio aus – das Wummern war verschwunden. Ich schaltete es wieder ein: Das Wummern war wieder da. Da verstand ich: Es war nicht der Motor, der da so schrecklich wummerte. Es war irgendeine moderne Komposition, die jemand beim Rundfunk für Musik gehalten hatte.

Der Pastor und die Eisenbahn

„Lass uns doch noch einen nehmen!" Er lallte dabei ein wenig, er hatte schon viel „genommen". Aber sein Kollege oder Mitreisender gab ihm „keinen" mehr. Doch er ließ sich nicht einfach abwimmeln. Immer weder ertönte sein Klageruf in unüberhörbarer Lautstärke. Es war fünf Uhr morgens in der Eisenbahn und ich suchte verzweifelt nach ein wenig Schlaf. Ich war auf einer Nachtfahrt nach Hause. Ich überlegte, aber ich traute mich nicht, ihn um Ruhe zu bitten. Wer weiß, wozu so ein halbwegs Betrunkener mit Begleitung fähig wäre.

Auf der anderen Seite des Ganges saß ein Mitfahrer, dem es ähnlich ging wie mir. Immer wieder verfiel er in einen Halbschlaf, aus dem er aufschreckte, wenn der Ruf nach „noch einem" ertönte. Aber irgendwann hatte er es trotz des Lärms geschafft und war eingeschlafen. Doch sein Mobiltelefon klingelte. Er fuhr auf aus seinen Träumen und griff nach seinem Telefon. Seine Miene verdüsterte sich. „Was kann ich dafür, dass der Zug Verspätung hat?" bellte er. Dann schaltete er sein Handy aus und fragte mich: „Wissen Sie vielleicht, wo wir sind?" Ich wusste es und antwortete: „Wir sind zwischen Mülheim und Essen." – „Wie bitte?" fuhr er auf, „sind Sie sicher?" – „Gewiss!" antwortete ich. „Wir haben den Bahnhof Mülheim vor fünf Minuten verlassen." – „Aber" stammelte er, „in Mülheim wartet sie doch auf mich!" Dem war nun nicht abzuhelfen. In Essen stieg er aus, und mit ihm der Krakeeler.

Als die Zugabteile noch je drei einander gegenüberliegende Sitze hatten, kam man mit den Mitfahrenden oft schnell ins Gespräch. Die Fahrt war lang, Langeweile kam auf, und so unterhielt man sich eben gegenseitig. Ich lernte einen Mann kennen, der die ganze Fahrt über, und die war nicht kurz, von dem Campingplatz schwärmte, den sein Dorf angelegt hatte. Er wollte seine Gegenüber und damit auch mich offensichtlich davon überzeugen, auf seinem Campingplatz Urlaub zu machen. Leider verspürte ich zumindest keinerlei Neigung dazu. Ob ein anderer der Mitreisenden seinen Lockungen folgte, weiß ich nicht.

Ein anderer wusste von nichts anderem zu erzählen als von seiner Kneipe, die er in seinem Dorf betrieb. Es klang alles verheißungsvoll, was er vorbrachte. Ich ließ mir den Namen seines Dorfes sagen und konnte so seinen Redefluss für eine kurze Zeit unterbrechen. Gesehen hat er mich nicht in seiner Lokalität.

In dem überfüllten Zug fand ich keinen Sitzplatz mehr. Ich suchte den Speisewagen auf in der Hoffnung, dort noch einen Platz zu ergattern. Es war die totale Fehlanzeige. Auch der Speisewagen war gefüllt mit Reisenden, vor allem mit jungen Männern. Sie waren auf der Fahrt in die Niederlande, um dort einem Fußballspiel Deutschland-Niederlande beizuwohnen. Sie waren schon ziemlich betrunken. Immer wieder reckten sie ihre Fäuste zur Wagendecke und skandierten ihr Schlachtrufe: „Was schmeckt uns so gut? Holländisches Blut! – Was woll'n wir heute kochen? Holländische Knochen." Dazwischen sangen sie: „Wer ist denn der Johan Cruyff, der den ganzen Tag nur säuf'?" Johan Cruyff war der unumstritten beste Fußballer der Niederlande. Ich stand daneben und amüsierte mich prächtig über das so befremdliche Treiben. Es war das erste und letzte Mal, dass ich einem Fanclub beiwohnte. Nachdenklich machte mich ein Fahrgast, der zu den jungen Männern sagte: „Das gefällt mir nicht, dass ihr ständig die Faust hochreckt. Das tun doch nur die Kommunisten! Wir Deutschen tun das doch nicht!" Der Chauvinismus war unüberhörbar. Die jungen Männer überhörten diesen Tadel und machten weiter wie bisher. Irgendwann musste ich den Zug wechseln und war die Bande los.

Meine Schwester hatte Geburtstag und ich hatte in ihrer Nähe dienstlich zu tun. Der Termin lag so günstig, dass ich an ihrer

Geburtstagsfeier teilzunehmen gedachte. Der Fahrplan des Zuges, den ich nehmen wollte, ließ diese Hoffnungen auch durchaus zu. Aber mitten auf freier Strecke hielt der Zug plötzlich an. Er bewegte sich keinen Zentimeter mehr. Unruhe und Unwillen kamen auf. Die Lautsprecherdurchsage machte ein technisches Problem für den Halt verantwortlich. Erst nach und nach sickerte durch, dass es kein technisches, sondern ein menschliches Problem war, das den Zug zum Anhalten gezwungen hatte. Ein Selbstmörder hatte sich vor den Zug geworfen. Es dauerte zwei Stunden, bis die notwendigen Untersuchungen und Verrichtungen beendet waren. Für die Geburtstagsfeier kam ich zu spät. Als ich aber endlich bei meiner Schwester erschien, war ihr die Erleichterung anzusehen. Handys gab es damals noch nicht, so war sie über meine Verspätung im Unklaren und hatte sich Sorgen gemacht. Eine weitere Eisenbahngeschichte fällt unter das Thema des folgenden Kapitels.

Der Pastor und seine Bettler

„Herr Pfarrer, kann ich Sie einen Augenblick sprechen?" Wenn ich diesen Satz in der Gegensprechanlage hörte, wusste ich schon, dass ein Bettler vor der Tür stand. Manchmal ließ ich mich erweichen und gab ein Darlehen. Immer wurde mir baldige Rückzahlung zugesichert; dieses Versprechen wurde nur einmal eingehalten, und das auch nur, weil ich den Bittsteller privat aufsuchte.

Besonders in Erinnerung geblieben ist mir der Fall einer französischen Familie: Vater, Mutter und zwei Kinder. Sie kamen am späten Abend zu mir. Ich weiß nicht, woher sie meine Adresse hatten. Der Vater erzählte mit französischem Akzent, dass er sein Geld verloren habe, aber wodurch, weiß ich auch nicht mehr, vielleicht war er ausgeraubt worden. Er sagte, ohne eine finanzielle Hilfe, die er selbstverständlich zurückzahlen werde, komme er mit seinem Auto nicht weiter, der Benzintank sei fast leer. Die Frau zitterte mit fast unerträglicher Leidensmiene. Aber vor allem die Kinder weckten mein Erbarmen. Ich ließ mich darauf ein. Als erstes begleitete ich die Familie zur nächsten Tankstelle, so weit reichte das Benzin noch, und ließ auf meine Kosten den Tank bis obenhin füllen. Dazu lieh ich Ihnen fünfzig DM, für mich damals keine geringe Summe. Dankbar strahlten sie mich an und gaben mir ihre Adresse. Dann fuhren sie davon.

Ich habe die Familie mehrmals auf Rückzahlung des Geldes gemahnt. Gehört habe ich nie wieder etwas von ihnen. Das war eine ziemlich große Enttäuschung.

Immer wieder grüßte mich der Mann mit dem Handstock mit großer Freundlichkeit. Er gab vor, wie ich aus Norddeutschland zu stammen, von der niederländischen Grenze. Sein Akzent ließ vermuten, dass das stimmte. Eines Tages klingelte er bei mir und machte mir ein paar Komplimente. Dann rückte er mit seinem Anliegen heraus. Er brauche dringend 50 Mark, und die Banken hätten schon zu. Er werde sie mir am nächsten Tag zurückgeben. Ich ließ mich erweichen und er bekam die 50 Mark. Jedoch wartete ich am nächsten Tag vergeblich auf die Rückgabe, am übernächsten auch. Er hatte Pech, denn ich kannte seine Adresse. Ich fuhr zu seinem Häuschen und klingelte ihn heraus. Seine Frau rief, ob das Taxi schon gekommen sei – sie war also zu Hause. Der norddeutsche Schuldner blickte nervös um sich. Es war deutlich zu spüren, dass seine Frau davon nichts wissen durfte. Er ließ mich draußen stehen, rannte ins Haus und kam, ängstlich um sich blickend, mit zwei Zwanzigern und einem Zehner heraus. Dies war das einzige Mal, dass ich mein Geld zurückbekam. Der Norddeutsche allerdings war von da an in meiner Nähe nicht mehr zu sehen.

Besonders viele Bettler kamen zu mir, als sich herumsprach, dass ich haltbar gemachte Tagesrationen für Soldaten verteilte. Ein Gemeindeglied, Ulrich Kilian, von ihm wird noch die Rede sein, verwaltete ein Bundeswehrdepot und hatte sie mir für meine ungebetenen Gäste überlassen. Nach einer geraumen Weile waren alle Packungen ausgegeben und die Besuche gingen auf Normalmaß zurück.

Nach einer Veranstaltung am Nachmittag kam eine Teilnehmerin ziemlich aufgeregt zu mir und sagte, da stehe ein Herr und wolle mich sprechen. Ja, da stand er. Er sagte: „Können Sie mir nicht mit ein paar Mark aushelfen? Ich bekomme erst am Montag Geld und brauche es jetzt. Mein Vater ist nämlich gestorben." Ich antwortete: „Wie? Schon wieder?" Er blickte mich irritiert an. „Wie meinen Sie das denn?" fragte er entgeistert. Ich entgegnete: „Sie sind mit derselben Geschichte schon mal bei mir gewesen!" Er: „Das kann nicht sein! Das muss mein Bruder gewesen sein!"

Er bekam trotzdem sein Päckchen mit Lebensmitteln.

In gewisser Weise ähnlich gestaltete sich der Fall einer Frau im mittleren Alter. Sie kam mit einer Gehhilfe zu mir; offenbar war sie behindert. Ob ich ihr nicht etwas Geld ausleihen könne, sie müsse ihrer Mutter dringend ein Telegramm schicken und habe nicht das Geld dafür. Ich bat sie in mein Dienstzimmer. Dort schaute ich in das Telefonbuch, so etwas war damals noch nötig, und sagte: „So, das haben wir gleich. Ich gebe gern telefonisch ein Telegramm auf. Wie lautet denn die Adresse ihrer Mutter?" Sie, ziemlich entrüstet: „Ja, woher soll ich die Adresse der Frau denn kennen?!" Ich schloss das Telefonbuch und geleitete die Dame freundlich, aber bestimmt wieder hinaus.

In einem Gespräch mit einem befreundeten Pfarrer erwähnte ich diesen Vorfall. „Ach, bei dir war sie also auch schon? Bei mir auch."

Es kann auch anders kommen. Eines Tages erschien ein Mann, der ganz offensichtlich zu der Zunft der Bettler gehörte. Ich bat ihn, Platz zu nehmen. Er zog zuerst mehrere Lagen Jacken und Pullover aus; ein untrügliches Kennzeichen eines Bettlers. Dann erzählte er mir seine Geschichte. Sie war herzerweichend. Seine Frau habe in Sachsen einen Unfall erlitten, und er wisse nicht, ob sie überhaupt noch am Leben sei und wo die gemeinsamen Kinder, zwei an der Zahl, geblieben seien. Es war unüberhörbar, dass der Gast einen bedeutenden finanziellen Zuschuss für seine angebliche Fahrt nach Sachsen erbitten wollte. Vorläufig jedoch schwieg er nach seiner Eröffnung, sah mich aber mit großen, erwartungsvollen Augen an. Ich entschloss mich, ihn dem Anschein nach völlig ernst zu nehmen und übersah geflissentlich seine bittende Miene. Ich bot ihm also an, mit ihm für seine Frau und seine Kinder zu beten. Er stimmte zu, und ich sprach ein intensives Gebet. Ich tat es umso mehr, als ich ja nicht mit letzter Sicherheit wusste, was an seiner Geschichte stimmte und was nicht. Nach dem Gebet dankte er mir und sagte, dass er einen Anruf erwarte, wie es seiner Frau und seinen Kindern gehe. Er werde mir morgen über das Ergebnis Bescheid geben. Damit erhob er sich, zog seine zahlreichen Überkleider wieder an und verschwand.

Am nächsten Morgen kam er tatsächlich wieder. Er sagte, er habe nun ein Telefonat erhalten, dass seine Frau nach dem Unfall gestorben sei und er nun seine Kinder holen müsse. Es stand wieder eine finanzielle Unterstützung im Raum, ich aber tat, als bemerkte ich es nicht und sprach ihm mein Beileid aus. Wir besprachen die Situation, er zeigte Betroffenheit und Trauer, ich beriet ihn seelsorgerisch und betete wieder mit ihm. Er setzte an: „Herr Pfarrer, können Sie nicht…" Er machte mit beiden Händen eine abwehrende Bewegung und murmelte mehr, als er es aussprach: „Nein, wirklich nicht, diesmal nicht." Ich merkte, er haderte mit sich selbst, ob er nun wirklich um Geld bitten wolle oder nicht. Er tat es nicht. Dass ich ihn so ernst genommen hatte, hinderte ihn wohl daran, sein Begehren auszusprechen. Er hatte mich in meinen seelsorgerischen Bemühungen genau so ernst genommen wie nach seinem Eindruck ich ihn. Ich bat ihn noch, mich auf dem Laufenden zu halten, wie es mit seiner toten Frau und den Kindern weiterginge. Er sagte es mir zu, erhob sich, zog sich wieder an und ging. Ich habe nie wieder etwas von ihm gehört.

Ein anderer meldete sich. „Herr Pfarrer, haben Sie ein wenig Zeit für mich?" Obwohl ich wusste, was da auf mich zukommen konnte, gewährte ich ihm Einlass. Seine langen schwarzen Haare waren sichtbar gegelt und umstanden seinen Kopf wie ein Helm. Er hatte ausschließlich schwarze Kleidung an. Er bat um ein Almosen. Ich bot ihm an, so wie allen anderen Bettlern, für ihn ein Lebensmittelpaket zusammenzustellen. Nein, das sei nicht sein Problem, er sei Alkoholiker und wolle eine Therapie beginnen. Aber er habe nicht das nötige Fahrgeld bis zur Klinik. Kein Problem! Ich bot ihm an, ihn mit dem Wagen zu seiner Fachklinik zu fahren. Zu meiner Überraschung willigte er ein. Es waren nur ein paar Kilometer, und tatsächlich! Er hatte da einen Termin für eine Therapie, die einen Monat dauern sollte. Ich dachte, ich wäre ihn nun los – weit gefehlt! Nach ein paar Wochen stand er wieder vor der Tür und bat dringend um eine finanzielle Unterstützung. Die wollte ich ihm so ohne weiteres nicht zukommen lassen, und ich sagte: „Mein Vorgarten braucht dringend Pflege. Reißen Sie das Unkraut heraus und graben Sie ihn um. Dann werde ich Ihre Arbeit fair bezahlen." Wieder willigte er ein, wieder zu meinem Erstaunen. Nach etwa zwei Stunden war er seiner Meinung nach fertig. In der Tat, man sah, dass im Vorgarten gewühlt worden war. Nun ja, wir hatten über die Qualität seiner Arbeit nicht gesprochen und er bekam seine zwanzig Mark. Im Hinausgehen bemerkte er noch: „Endlich mal wieder richtig arbeiten! Das tut gut!" Er war mit sich und der Welt zufrieden.

Mittlerweile war er ein alter Bekannter geworden und so ließ ich ihn ein, als er am frühen Abend vor der Tür stand. Er machte einen nervösen Eindruck, und er sagte: „Herr Pfarrer, ich muss dringend wieder in die Fachklinik, ich habe einen Termin. Können Sie mich nicht hinfahren?" Selbstverständlich konnte ich. Wir fuhren zu der Fachklinik, die ich schon kannte, und begleitete ihn zur Aufnahme. Wir wurden zurückgewiesen. Er habe keinen Termin, und die Klinik sei belegt. Vielleicht habe eine andere Klinik die notwendigen Kapazitäten. Da war wohl etwas durcheinandergekommen. Das meinte jedenfalls mein Fahrgast. Er zeigte sich sehr geknickt und sagte, er brauche dringend noch an diesem Abend eine Therapie, er wisse nicht, was sonst mit ihm passieren könnte. Er gab mir die Adresse einer anderen Fachklinik. Auch dort wurde er zurückgewiesen. Nun ja, wir befanden uns im Rhein-Ruhr-Gebiet, da gab es noch andere Institute, die wir anfahren konnten. Vergeblich. Als ich kurz vor Mitternacht mit ihm nach Hause fuhr und er ganz entspannt in seinem Autositz saß, ging mir ein Licht auf. Ich sagte: „Da haben wir aber einen spannenden Abend verbracht, nicht wahr?" Er darauf: „Jau, ein spannender Abend." Ich antwortete: „Herr Schulze, das war das erste und absolut das letzte Mal, dass Sie so etwas mit mir gemacht haben!" (Namen verändert!) Mit diesen Worten brachte ich ihn zu seiner Wohnung.

Einige Tage später tauchte er wieder auf und sagte: „Herr Pfarrer, ich habe eine Bitte. Können Sie nicht dafür sorgen, dass mein Bruder sich mit mir versöhnt?" Natürlich konnte ich das nicht. Aber ich konnte mit ihm zusammen seinen Bruder aufsuchen und eine Aussprache moderieren. Das taten wir dann auch. Leider verlief das Gespräch im Sande. Auf jede Äußerung antwortete sein Bruder reichlich unwirsch: „Und wer soll das bezahlen? Ich schon wieder?" Nach einer Weile brach ich das Gespräch ab und brachte Herrn Schulze zu seiner Wohnung zurück. Die Fahrt verlief schweigend.

Eines Sonntagmorgens vor dem Gottesdienst kam ein Besucher in mein Büro. Er war ziemlich aufgeregt. „Da ist ein Mann im Foyer, der die Gottesdienstbesucher anbettelt und Geld für Zigaretten haben will. Was soll ich tun?" Ich ahnte schon, wer der Bettler sein könnte. Richtig, im Foyer stand mein Herr Schulze. Ich forderte ihn energisch auf, mir in mein Büro zu folgen. Dort machte ich ihm ziemlich barsch klar, dass es ein unmögliches Verhalten sei, vor dem Gottesdienst die Gottesdienstbesucher anzubetteln und das auch noch um Geld für Zigaretten. Er wirkte zerknirscht und versprach mir, dies nie wieder zu tun. Er tat es auch nie wieder, denn dieses war das letzte Mal, dass ich ihn zu Gesicht bekam.

Einen wesentlich längeren Kontakt, der sich bisweilen fast zur Freundschaft entwickelte, hatte ich mit Ferdinand Spengler (Name geändert). Auch er stand eines Tages vor meiner Haustür. Er war jung, gepflegt und gut angezogen. Das unterschied ihn von den anderen Bettlern. Er sei insolvent und brauche Hilfe. Er gehöre doch zu Evangelisch-methodistischen Kirche. Ich fragte ihn, zu welcher Gemeinde er denn gehöre. Er gehöre zu keiner Gemeinde, ginge mal hier in den Gottesdienst, mal dort. Er nannte einige Pastoren, die ich gut kannte. Einen davon rief ich an. Er warnte mich vor Ferdinand Spengler und behauptete, dieser sei ein Betrüger, würde sich durch die Gemeinden winden und überall um Darlehen betteln, die er nie zurückzahle und wohl auch nicht zurückzahlen könne. Ich konfrontierte Spengler mit dieser Aussage. Er widersprach heftig. Ja, hier und dort seien noch Darlehen offen, die er noch zurückzahlen müsse, aber das wolle er ja und werde es auch. Ich solle doch bedenken, dass er eine Frau und ein Kind habe. Ein beinahe klassischer Versuch, das Herz des möglichen Spenders zu öffnen. Ich war hin und hergerissen. Ich wollte ihn nicht einfach abweisen, andererseits wollte ich ihm auch nicht blind vertrauen. Ich beriet mich mit meinem Kassenführer. Es kam zu einer Sitzung zu dritt, der Darlehensnehmer, der Kassenführer und ich. Wieder stand Behauptung gegen Behauptung. Schließlich entschloss ich mich gegen den Rat des Kollegen und des Kassenführers, es doch mit ihm zu versuchen und gab ihm 150,00 DM aus meinem privaten Portemonnaie, gespannt, wie sich die Sache weiterentwickeln würde. Einige Tage später stand er wieder vor meiner Haustür, 150 DM in der Hand. Es war das erste Mal, dass mein Vertrauen zu einem Bettler nicht erschüttert wurde. Dachte ich jedenfalls.

Spengler bat mich, ihn seelsorgerisch zu betreuen. Das tat ich nur umso lieber. Was alles dabei gesprochen wurde, weiß ich nicht mehr und will es auch gar nicht wissen. Und wenn ich es wüsste, würde ich es nicht preisgeben. So langsam fügte sich das Bild zu einem jungen Mann, der vom Pech verfolgt wurde und dem man bitter Unrecht getan hatte. Mit der Zeit lernte ich auch seine Frau und sein Kind kennen – sie existierten also tatsächlich. Als Getränk bot man mir bei meinem Besuch Fencheltee an. Etwas anderes hätten sie nicht und könnten sie sich auch nicht leisten.

Spengler kam nicht nur zu mir in die Seelsorge, er kam auch in die Gemeinde. Sogar bei einem Ausflug der Gemeinde war er mit Frau und Kind dabei. Wir machten lange Spaziergänge in trauter Zweisamkeit. So langsam gehörte er zum engeren Kreis meiner Bekannten, ja, ich betrachtete ihn als Freund. Sein ehemaliger Pfarrer aus Norddeutschland besuchte ihn und er stellte ihn mir vor. Dieser zeigte sich beeindruckt von der Zuwendung, die ich Spengler gegenüber aufbrachte.

Einmal gestand Spengler mir, dass er sich in einer anderen Gemeinde von einem Gemeindeglied 8000 DM geliehen und nicht zurückgezahlt habe. Ich machte ihm deswegen Vorwürfe und sagte, dies sei eine Ehrenschuld und als erste zu bedienen. Er schien das auch einzusehen. Ob er das Geld wirklich zurückgezahlt hat, weiß ich nicht; wahrscheinlich hat er es nicht getan.

Dann bekam Spengler eine Anstellung bei Porsche in der Entwicklung des SUV. Ich kommunizierte bisweilen per E-Mail mit ihm über seinen Account bei Porsche. Eines Tages funktionierte die E-Mail-Adresse nicht mehr. Ich ahnte Böses. Nach ein paar Tagen kam er zu mir und berichtete, die Entwicklung des SUV sei nun abgeschlossen und man brauche ihn nicht mehr. Aber er sei in größter Not, sein Vermieter drohe, ihn auf die Straße zu setzen, wenn er nicht bis dann und dann seine Miete in Höhe von 400 DM bezahlen würde, und das mit seinem kleinen Kind! Inzwischen weiß ich, dass man so einfach eine Familie mit kleinem Kind nicht auf die Straße setzen darf. Damals wusste ich es nicht. Nach einigem Hin und Her, vor allem die Rückzahlung betreffend, streckte ich ihm seine Miete vor. Meine Frau meinte damals, dieses Geld würde ich nie mehr wiedersehen. Ich rief Spengler an und teilte ihm diese Befürchtung mit. Er wehrte energisch ab und sagte, er habe nun eine neue Arbeit gefunden und werde das Geld auf jeden Fall zurückzahlen. Wenige Tage später fand ich in meinem Briefkasten 100 DM und einen Zettel von Spengler, dies sei als Anzahlung zu betrachten. Nach einigen Tagen versuchte ich, ihn anzurufen, wo denn der Rest bleibe. Die Nummer existierte nicht mehr. Ich fuhr zu seiner Wohnung – sie stand leer. Der Vermieter wusste nicht, wohin Spenglers gezogen waren. Er war einfach mit Frau und Kind verschwunden. Von meinem Kredit für die Miete hatte er nur 100 DM zurückgezahlt. Auf dem Rest von 300 DM blieb ich sitzen.

Ich war enttäuscht. Die 300 DM waren damals schon kein kleines Geld für mich, aber die waren zu verschmerzen. Dass er aber mein Vertrauen und meine Freundschaft missbraucht hatte, war eine bittere Erfahrung. Auch dieser Bettler hatte sein Versprechen gebrochen.

Ich wurde selbst zu einem Bettler. Vor meiner Fahrt von Hamburg nach Leer hatte ich meine sämtlichen Jacken- und Hosentaschen von allen U-Bahn- und Buskarten entleert. Ich war sicher, dass die Eisenbahn-Fahrkarte nach Leer nicht dabei war und ich sie behalten hätte. In der Eisenbahn wurde ich kontrolliert und stellte fest, dass ich sie wohl doch mit den anderen in den Papierkorb geworfen hatte. Ich suchte alle Taschen ab, es war vergeblich. Der Kontrolleur merkte wohl, dass ich kein Schwarzfahrer im üblichen Sinn war. Er fragte mich nach meinem Reiseziel und meinte, er werde später noch einmal vorbeikommen. Aber das tat er nicht, sodass ich in Bremen, wo ich umsteigen musste, den Zug unbehelligt verlassen konnte. Doch war guter Rat teuer. Ich hatte keinen Pfennig Geld bei mir und musste doch nach Leer. Ich konnte aber ohne Fahrkarte nicht in den Zug steigen. Ich überlegte hin und her und strolchte auf dem Bahnhof herum, ohne das Problem lösen zu können. Da plötzlich sah ich wieder Land! Um eine Ecke kam ein älterer Kollege, schon im Ruhestand! Ich lief auf ihn zu und sagte: „Dich schickt der Himmel!" Er antwortete: „Das sagen sie immer alle. Wieviel willst du denn haben?" Eine Fahrkarte von Bremen nach Leer kostete damals heute unfassbare 12 DM. Ich schilderte ihm meine Situation; er zögerte keinen Augenblick und händigte mir das Geld aus. Ich konnte die Fahrkarte nach Leer kaufen und erleichtert in den Zug steigen. Ich vermute aber, dass der Kontrolleur im Hamburger Zug seinen Bremer Kollegen informiert hatte: Da kommt jemand, der vielleicht keine Fahrkarte hat. Jedenfalls schaute mich der Kontrolleur auf dieser Fahrt merkwürdig eindringlich an. Dass der Kollege sein Geld zurückbekam, war Ehrensache.

Der Pastor und die Seelsorge

Es versteht sich von selbst, dass an dieser Stelle äußerste Diskretion erforderlich ist. Alle Namen sind frei erfunden und haben mit den wirklichen Personen nicht das Geringste gemein. Auch Irma hieß in Wirklichkeit anders. Eines Tages stand sie vor der Tür. Ein Kollege hatte sie zu mir geschickt, weil er selbst mit ihr nicht klarkommen konnte. Ich ließ sie ein und bat sie, mir ihr Problem zu schildern. Sie war vor ihrem Mann geflohen, erzählte sie, und wisse nun nicht so recht, wo sie bleiben könne. Ich war in der komfortablen Lage, ihr eine Wohnung in direkter Nachbarschaft anbieten zu können. Sie nahm sie mit großem Dank an. Von nun an kam sie fast jeden Tag zu meiner Frau und mir und schilderte ihren Leidensweg. Dabei war sie sehr labil, brach oft in Tränen aus und wütete lautstark gegen ihren Mann. Einmal schaute ich aus dem Fenster. Ein fremder Wagen stand auf der Straße. Es war der Ehemann mit einem Freund. Ich befürchtete, er könne gewalttätig gegen mich werden. Trotzdem ließ ich ihn ein. Ich redete mich in Rage, um zu verbergen, dass ich Angst vor ihm hatte. Er solle machen, dass er fortkomme, und zwar sofort und für immer. Meine Frau sagte, sie habe mich noch nie so aufgebracht gesehen. Dabei diktierte nur meine Angst mein Verhalten. Aber dem Ehemann hatte ich auch Angst eingejagt. Er stob davon, nicht ohne einen kräftigen Fluch von sich zu lassen. Irma war erleichtert. Aber die seelischen Grausamkeiten ihres Mannes wirkten nach. Es glich beinahe einer bipolaren Störung – mal zeigte sie sich ausgeglichen, ja, glücklich, bei uns leben zu dürfen, mal versank sie schier vor Trauer.

An einem Dienstag kam Irma zu uns in die Wohnung und hielt ihre Hand geschlossen. Sie öffnete sie und wir sahen, dass sie eine respektable Menge an Tabletten enthielt. Sie habe nun keine Lust mehr, sie werde sich umbringen. Ich versuchte, sie davon abzubringen. Sie ging scheinbar darauf ein und ging ins Bad. Sie behauptete, sie wolle nun nach diesem Gespräch die Tabletten in die Toilette werfen. Sie kam zurück und sagte: „Nun habt Ihr aber wirklich Pech gehabt. Ich habe die

Tabletten nicht ins Klo geworfen. Ich habe Sie geschluckt! Nun seid ihr schockiert, oder?" Wir waren tatsächlich geschockt. Nach einigem Hin und Her rief ich die Ambulanz an. Nach wenigen Minuten kam sie auch. Aber Irma weigerte sich mitzugehen und zeigte sich störrisch. Der Sanitäter war nicht befugt, sie mit Gewalt dazu zu zwingen und empfahl mir, die Polizei anzurufen. Das tat ich, und bald standen zwei Beamte im Raum. Sie schoben Irma mit Gewalt in den Krankenwagen und blieben bis zum Operationssaal bei ihr. Dort wurde ihr der Magen ausgepumpt. Ein paar Stunden später wurde sie entlassen. Sie sei „entgiftet" worden. Irma umarmte uns mit Freudentränen in den Augen.

Sie verliebte sich in einen Mann aus ihrem Bekanntenkreis. Er war ihr auch recht zugetan, aber von Liebe konnte keine Rede sein. Irma bekniete uns, Einfluss auf ihn zu nehmen. Er sei nämlich wirklich in sie verliebt, er sei nur verstockt. Das ging so eine Weile hin und her. Schließlich gab der Mann zu, sie auch zu lieben. Die Freude war groß, auch bei meiner Frau und mir. Warum er das getan hatte, weiß ich nicht. Jedenfalls dauerte diese Liebe nur wenige Wochen, dann war er wieder „verstockt". Aber irgendwann hörte diese einseitige Liebe auf. Irma fand einen anderen sehr sympathischen Mann, der sie wirklich liebte. Aber sie hatte Angst vor ihm. Nach den Erfahrungen in ihrer Ehe war das auch kein Wunder. Aber es gelang ihr, die Liebe dieses Mannes zu erwidern. Sie zog zu ihm, weit weg von uns. Nach einem halben Jahr rief uns der Mann an. Seine Irma habe ihn verlassen. Das war das Letzte, das wir von ihr hörten.

Von anderer Art war meine seelsorgerliche Zuwendung bei einer Mutter. Ihr Sohn, 22 Jahre alt, war bei einem Motorradunfall ums Leben gekommen. Er gehörte keiner Kirche an. So bat man mich um die Bestattung. Ich sagte zu und hielt die Trauerandacht, so gut ich es eben vermochte angesichts der Sinnlosigkeit dieses Todes.

Nach der Trauerfeier kam die Mutter zu mir, fasste mich am Revers und rüttelte mich ordentlich durch. „Wo ist denn nun Ihr Gott?" schrie sie mich an. In diesem Augenblick fiel mir eine Geschichte aus dem jüdischen Chassidismus ein, einer religiösen Erweckung im Ostjudentum. Ein Rabbi behauptete, dass alles seinen tiefen Sinn habe. Einer seiner Schüler fragte ihn, was denn der Sinn des Atheismus sein könne. Der Rabbi antwortete: „Wenn du jemanden am Wege liegen siehst, der Hilfe braucht, sollst du nicht sagen: Gott wird dir schon helfen. Dann sollst du handeln, als gäbe es keinen Gott und wäre es an dir, dem Leidenden zu helfen, als seist du selbst Gott für ihn" (zitiert dem Sinn nach). Ich sagte: „Haben Sie morgen Zeit? Ich werde Sie besuchen." Sie hatte Zeit. Ich versuchte, ihre und ihres Mannes Trauer mitzuempfinden. Ich merkte, bei einem einzigen Besuch dürfe es nicht bleiben. Ich bot den Eltern eine wöchentliche seelsorgerliche Beratung an. Sie stimmten zu. Der Vater sagte nach einer Zeit ab; er brauche das nicht. Aber die Mutter brauchte es. So besuchte ich sie weiter, jeden Dienstag und jeden Donnerstag, und das zwei Jahre lang. Als sie schließlich von irgendwelchen Aktivitäten sprach, die sie unternehmen wolle, sagte ich, dass sie mich offensichtlich nicht mehr brauche. So war es. Die Beratung war beendet.

Jahre später bummelte ich auf einem Wochenmarkt herum. Plötzlich sprach mich eine Frau an. Ich überlegte fieberhaft, wer denn das wohl sei könnte. „Ja, kennen Sie mich denn nicht mehr?" fragte sie. „Ich bin doch die Mutter des verunglückten Motorradfahrers." Jetzt fiel es mir wie Schuppen von den Augen. Ich hatte sie nicht erkannt, weil sie mit strahlendem Gesicht und strahlenden Augen vor mir stand. Sie hatte das Leben wieder ergriffen.

Ich besuchte auch Frau Mingus (Name geändert) – sie war eine vollendete Dame. Zum Gottesdienst erschien sie in einem Pelzmantel, und ihr ganzes Gehabe strahlte Vornehmheit aus. Ich erinnere mich am besten an das Telefon, das ungewöhnlich groß auf ihrem Schreibtisch thronte. Wir kamen gut miteinander aus. In dem, was sie sagte und wie sie es sagte, schwang immer ein Hauch ironischer Herablassung mit, durchaus nicht unangenehm, sondern eher belebend für das Gespräch. Doch dann erlitt sie einen Schlaganfall. Zurück aus dem Krankenhaus war sie nicht mehr dieselbe Frau. Sie war sehr gealtert, hatte einen Tremor und sprach nur noch wenig. Sie musste ihre Wohnung aufgeben und bekam bei ihrem Sohn Martin Schnelle ein Zimmer.(Name verändert). Dann und wann besuchte ich sie und konnte an ihren früheren Zustand nicht anknüpfen. Ihre Schwiegertochter war taktlos genug, um ihr zu sagen: „Das ist der Pastor. Der wird dich bald beerdigen." Ich war schockiert, ließ mir aber nichts anmerken. Einige Tage später rief sie mich an. Sie hatte den Eindruck, dass Frau Mingus von ihrer Schwiegertochter misshandelt werde. Ob ich nicht eine anonyme Anzeige erstatten wolle? Genau das tat ich, aber die Vorwürfe ließen sich nicht nachweisen. Bei einem Besuch erzählte mir die Schwiegertochter sogar, dass jemand vom Sozialamt bei ihr gewesen sei und von der anonymen Anzeige berichtet hätte. Ich tat, als sei das eine Neuigkeit für mich.

Ich saß an einem Predigtmanuskript, als ich eine innere Stimme vernahm: „Fahre zu Frau Mingus!" Ich tat das ab und wollte mich wieder meiner Predigt zuwenden. Doch die innere Stimme insistierte: „Besuche Frau Mingus!" Ach, dachte ich, das hat ja Zeit bis heute Nachmittag oder sogar bis morgen. Aber die innere Stimme ließ nicht locker: „Du besuchst Frau Mingus, und zwar jetzt!" Seufzend schraubte ich meinen Füllfederhalter zusammen und machte mich auf den Weg. Ja, Oma gehe es schlecht, sie sei oben in ihrem Zimmer. Ich ging zu ihr und sah auf den ersten Blick: Diese Frau liegt im Sterben! Ich hatte für eine solche Situation eine Art Notprogramm entwickelt. Das wandte ich auch hier an. Ich rezitierte den Psalm 23, betete ein Vaterunser, segnete sie mit dem Aaronitischen Segen und legte ihr dabei die Hand auf. Das war alles, was ich noch tun konnte. Ich sprach darüber noch mit ihrem Sohn. Da kam ihre Schwiegertochter in die Werkstatt und sagte: „Komm doch mal, Oma ist so komisch!" Ja, Oma war gestorben. Ich hätte nicht später kommen dürfen, um ihr die letzte Wegzehrung mitzugeben. Die innere Stimme, wem sie auch immer gehören mochte, hatte mich gerade noch rechtzeitig auf den Weg gebracht. Für mich war es die Stimme Gottes.

Ich wurde ins Krankenhaus gerufen. Es sei dringend. Ich fuhr auch sofort los und war in kurzer Zeit in einem Krankenzimmer. Eine Frau aus meiner Gemeinde lag dort; sie war intubiert. Ich wusste, dass sie die Nacht kaum würde überleben können. Bei ihr war ihr Ehemann, eine höchst eigenwillige Persönlichkeit, mit der viele aus der Gemeinde viele Probleme hatten. Seine Ehe war alles andere als friedlich gewesen. Nun war er hilflos und erwartete von mir einen Trost, eine Wegweisung, jedenfalls etwas, das ihn aus seiner Ohnmacht erlösen konnte. Ich dachte daran, dass Sterbende in ihrer Agonie oft noch hören und verstehen können. Ich rief, ja, schrie beinahe: „Sagen Sie Ihrer Frau, dass Sie ihr alles vergeben." Er folgte mir und rief seiner Frau zu: „Ich vergebe dir alles, was nicht gut war zwischen uns!" Ich wusste, das bedurfte noch einer Ergänzung. So sagte ich zu ihm: „Bitten Sie nun Ihre Frau um Vergebung!" Er folgte auch hier und rief ihr zu: „Ich bitte dich, vergib mir alles, was ich falsch gemacht habe!" Niemand weiß, ob diese Worte noch in ihr Bewusstsein erreichten. Wenige Augenblicke später setzte das Herz aus; auf dem Oszillografen konnte man das eindeutig erkennen: Wo vorher eine gezackte Linie war, sah man jetzt nur noch einen Strich. Eine Krankenschwester kam eilig herein und schickte uns aus dem Zimmer. Nach ein paar Minuten kam Sie wieder heraus und sagte: „Sie können jetzt hineingehen; sie lebt nicht mehr." Sie lag in ihrem Bett, die Intubation war aufgehoben. Sie sah aus wie im Leben, aber war nun im Reich Gottes. Ob sie die Worte ihres Mannes gebraucht hatte, um sterben zu können, ist eine Mutmaßung, durch nichts zu erhärten.

Eines Abends um halb elf klingelte es an einer Wohnungstür. Eine Dame begehrte Einlass und Gespräch. Ich führte sie in mein Dienstzimmer. Sie sagte: „Herr Pfarrer, ich habe einen Mord beobachtet!" Ich war befremdet, aber nicht schockiert. Ich ahnte, dass mit ihr etwas nicht stimmte. Aber ich wollte sie doch anhören. Sie erzählte, wie plötzlich ein Mann von oben her mit dumpfem Geräusch auf ihren Balkon gefallen sei. Das, so sagte sie, hätten ihre Nachbarn im oberen Stock getan, dessen sei sie ganz sicher. Nun, wenn das so war, musste gehandelt werden! Ich sagte, sie müsse sofort die Polizei benachrichtigen. Sie wand sich wie ein Aal. Ob das denn unbedingt nötig sei?! Ja, es sei nötig. Sie werde sich sonst wegen Strafvereitelung schuldig machen. Und das werde streng bestraft. Nun ja, wenn es so sei, solle ich doch lieber die Polizei anrufen. Das tat ich dann auch. Zu meinem Befremden dauert es anderthalb Stunden, bis zwei Beamte bei mir auftauchten. Währenddessen erzählte mir die Dame, dass sie kurz vorher die Balkontür geöffnet und dann diesen Plumps gehört habe. Als dann die Polizisten endlich in meinem Dienstzimmer standen, nahm mich einer von ihnen beiseite und erzählte mir, dass die Dame der Polizei bereits bekannt sei. Dies sei nicht das erste Mal, dass sie einen Mord beobachtet haben wolle. Wir gingen zurück und ich sagte, es sei nun spät genug, sie möge doch in aller Ruhe nach Hause gehen, es sei kein Mord passiert. Einer der Beamten sagte: „Kommen Sie doch bitte mit uns, wir bringen Sie nach Hause." Seufzend erhob sie sich, schleuderte mir noch einen bösen Blick ins Gesicht und sagte sarkastisch: „Dankeschön, Herr – Pfarrer!"

Zuletzt wurde es doch eine Art Seelsorge – aber auf andere Weise als befürchtet. Bei Sturm und Regen war ich unterwegs von Düsseldorf nach Essen. Hinten im Wagen saßen meine Kinder. Schließlich fuhr ich an den Straßenrand. Auf der Gegenfahrbahn stand ein Wagen. Ein umgewehter Baum lag auf seiner Windschutzscheibe und dahinter, auf der Beifahrerseite, saß ein Mann. Er war leichenblass und bewegte sich nicht. Ich sagte sehr betont zu meinen Kindern: „Ihr bleibt im Wagen sitzen!" Ich stieg aus und erkannte, dass der Mann durch den Baum festgekeilt worden war. Was war da zu tun? Ich hatte keinerlei Gerät im Wagen – außer dem kreuzförmig angeordneten vierfachen Schraubenschlüssel. Ich nahm ihn zur Hand und begab mich zu dem Unglückswagen. Das Werkzeug erwies sich als ungeeignet, den Eingeklemmten zu befreien. Der Mann saß immer noch unbeweglich auf seinem Sitz. Ich befürchtete schon das Schlimmste. Ein anderer Wagen hielt, und der Fahrer führte das notwendige Werkzeug mit sich. Damit gelang es, den Wagen so weit aufzubrechen, dass der Mann befreit werden konnte. Er lebte noch! Zitternd verließ er das Fahrzeug. Untätig und sichtlich geschockt stand er da.

Seelsorge war nötig. Ich beschloss, es mit einem Satz bewenden zu lassen. Ich sagte zu ihm: „Danken Sie Gott dafür, dass er sie bewahrt hat!"

Gedacht sei hier auch eines Mannes, der buchstäblich Höllenqualen erlitt. In einer Art Vision habe er den Höllenabgrund gesehen und eine Stimme gehört, die zu ihm sagte: „Hier musst du rein!" Es war ein Fall von religiösem Wahn, und meine erste Frage war denn auch, ob er psychiatrische Hilfe in Form von Medikamenten erhalte. Ja, das sei der Fall, aber es nütze nichts. Ich nahm dem Mann die Beichte ab, sprach ihn kraft meines Amtes frei, vollzog sogar eine Art protestantischen Exorzismus – alles vergeblich. Irgendwann kam er nicht mehr wieder. Ob er geheilt wurde, weiß ich nicht.

Es gibt Bibelstellen, die einen Menschen wohl zur Verzweiflung bringen können. Da ist einmal die Lästerung gegen den Heiligen Geist, die nicht vergeben werden kann. An anderer Stelle, im Hebräerbrief, wird die Möglichkeit eines Neuanfangs im Glauben nach einer Schuld verneint. Immer wieder einmal kamen Menschen zu mir, die meinten, gegen einer dieser Bibelstellen gehandelt zu haben und nun verflucht zu sein. Ich sagte immer wieder einmal: Wenn du diese Sorge hast, hast du nicht gegen diese Bibelstellen verstoßen. Wenn du es getan hättest, würdest du dir keine Gedanken mehr darüber machen. Denn deine Sorge ist eine Wirkung es Heiligen Geistes. Oftmals aber steckte eine Psychose hinter dieser Angst, die der psychiatrischen Behandlung bedurfte.

Eine alte Dame von über 80 Jahren bekannte mir unter Tränen und mit heftigen Gewissensbissen, dass sie als junge Frau abgetrieben habe. Nun, kurz vor ihrem Tod, fürchtete sie das himmlische Gericht. Ich konnte helfen, weil ich das, was sie mir erzählte, als Beichte betrachtete und sie lossprechen konnte. Sie fragte dann noch, wie es mit ihrem ungeborenen Kind stehe. Ich antwortete, es würde in der Ewigkeit verzeihend und strahlend auf sie zu kommen. Eine Last fiel von dieser Frau ab, sie konnte endlich entspannen. Gewissheit der Vergebung stand in ihrem Gesicht geschrieben.

Nicht ganz so glücklich verlief die Seelsorge bei Frau Eisler (Name verändert). Sie hatte die Wahnvorstellung, ihre Nachbarn würden ständig heimlich in ihre Wohnung kommen und dort für Unordnung sorgen. In ihrem Schrank hatte sie nicht weniger als 40 Schlösser, die sie abwechselnd einbaute, wenn sie nicht ein neues kaufte. Ihre persönlichen Sachen trug sie in einer Einkaufstasche immer mit sich. Mein Kollege im Ruhestand betreute sie und versuchte ständig, sie von ihren Wahnvorstellungen abzubringen – ohne Erfolg natürlich. Ich ging einen anderen Weg. Ich besuchte sie. Auf einmal schlug sie die Tischdecke zurück. „Und nun sind Sie dran!" sagte sie. Ich wusste zunächst nicht, was sie meinte. Dann ahnte ich, um was es ging. Das Holz des Tisches war in den Jahren des Gebrauchs nachgedunkelt. Ich sagte: „Das gibt es doch gar nicht!" – „Nicht wahr?" sagte sie, „und das geht nun schon Jahre so." Dann erzählte sie alles, was sie sich in ihrem Wahn so einbildete. Heilen konnte ich sie nicht, aber zwischen uns entstand immerhin ein Vertrauensverhältnis. Das half ihr mehr, so denke ich nicht ohne Grund, als die Versuche, sie von der Wirklichkeit zu überzeugen.

Wir hatten längere Zeit einen Stand in der Fußgängerzone. Wir luden dort zu unseren Gästegottesdiensten ein. Das Ehepaar, das sich uns nun näherte, war noch ziemlich jung. Ein kleines Mädchen war auch dabei. Sie suchten eine Gemeinde. Da waren sie bei uns an der richtigen Adresse. Wir nahmen sie mit Freuden auf. Monika und Klaus Wessels lebten sich gut ein und beteiligten sich regelmäßig am Gemeindeleben. Die Kleine hatten sie adoptiert, sie selbst konnten keine Kinder bekommen. Es entstand ein freundschaftliches Miteinander, und so wunderte es mich nicht, dass Klaus Wessels mich beim Abendessen anrief. Doch dieses Telefonat änderte alles. Monika war ins Krankenhaus gekommen. Sie war an einer lebensbedrohlichen Sepsis erkrankt. Sofort fuhr ich in die Klinik. Dort fand ich ihn, zusammengesunken zu einem Häufchen Elend. Monika war im Operationssaal. Wir hofften und beteten miteinander, dass die Gefahr vorübergehen möge. Mitten in der Nacht kam ein Arzt aus dem Operationssaal und bat den Ehemann um die Einwilligung, ein Bein amputieren zu dürfen. Nun, wenn es denn notwendig sei – was blieb dem armen Mann übrig als dem zuzustimmen? Die Nacht zog sich in die Länge. Der Morgen graute, als der Arzt mit der Hiobsbotschaft kam, die Patientin sei gestorben. Der Schock saß tief. Es galt, den Mann über die ersten Stunden seiner Trauer und Verzweiflung hinwegzuhelfen. Das erste, was ich zu tun hatte, war, für ein ordentliches Frühstück zu sorgen, denn jeder Schmerz trifft bei leerem Magen doppelt. Die Geschäfte hatten schon auf. So konnte ich ihm Wurst, Käse und Brot kaufen. Kaffee hatte er noch im Haus; und ich brühte ihm eine kräftige Kanne auf. Nebenbei tat dieser auch mir gut, denn ich hatte ja auch die Nacht durchwacht. Beim Anblick des Frühstücktisches entspannte sich sein Gesicht. Wir beteten und ich brachte die Not des Mannes vor Gott. Als ich merkte, dass er einigermaßen stabil war, fuhr ich nach Hause. Zum Glück hatte ich keine Termine, so dass ich mich ausschlafen konnte. Ich hatte noch manches Gespräch mit Klaus Wessels. Eines Tages heiratete er. Nach ein paar Wochen verschwand er von der Bildfläche. Die Versuche, ihn auf seinem Handy zu erreichen, schlugen fehl. Die Nummer existierte nicht mehr.

„Das haben wir ja völlig vergessen!" sagte meine Frau beim sonntäglichen Mittagessen. Zur Seelsorge gehörte auch, dass wir manchmal zum Essen eingeladen wurden. Diesmal hatte uns Frau Schnelle, uns bereits bekannt, zum Mittagessen eingeladen. Sie wohnte mit ihrem Mann und ihrer Tochter zusammen und war ohne Zweifel die Hellste von allen dreien. Auch die beiden anderen waren herzensgute, liebe Menschen. Warum wir die Einladung vergessen hatten, verstehe ich bis heute nicht. Wir konnten nur um Entschuldigung bitten, als Frau Schnelle uns anrief und fragte, wo wir denn blieben. Eine Erklärung gab es nicht. Allerdings hatte die Tochter schon am Morgen dieses Tages verlauten lassen: „Die kommen heute doch nicht." Wie sie zu dieser Vorahnung kam, ist ein nicht auflösbares Rätsel.

Ein älteres Ehepaar hatten wir besonders ins Herz geschlossen. Bei jedem Geburtstag waren wir mitsamt unseren kleinen Kindern dort und erfreuten uns an dem ostpreußischen Dialekt, der hin und wieder durchbrach. Eine Freude war es auch, die Nachbarn dabei zu treffen: Bernd Schneegans, ein Mann in den sogenannten besten Jahren, seine bildhübsche Frau und seine noch hübschere Tochter. Der Ehegatte und Vater war ein wenig beleibt, genauso wie ich. Wir beschlossen, einige Kilo abzunehmen und schlossen eine Wette ab. Wer bis zu einem bestimmten Zeitpunkt keine fünf Kilo abgenommen hätte, sollte dem Missionswerk unserer Kirche 100 DM spenden. Ich hatte weitläufige Erfahrung mit dem Abnehmen und schaffte es spielend. Eines Tages stand Herr Schneegans in meiner Tür. Er gab zu, es nicht geschafft zu haben und händigte mir die vereinbarten 100 DM aus, die ich natürlich sofort weiterleitete, nicht ohne diese Geschichte dabei zu erzählen.

Dass das Willkommen auf tönernen Füßen stand, erfuhren wir bei einem Gespräch mit einer Frau aus der Gemeinde, die dort ebenfalls aus und ein ging. Die Ostpreußen hatten sich bei ihr über uns beschwert. Wir kämen zu oft und gingen dann nicht mehr weg. Wir schluckten diese Lektion.

Die Frau kam ins Krankenhaus, sie brauchte eine neue Hüfte. Die Behandlung sei „1A", berichtete sie. Aber ihr Allgemeinzustand ließ immer mehr nach. Schneegans ließ das nicht kalt. Er besuchte die Frau und drängte auf eine Unterschrift. Sie weigerte sich, das Schriftstück zu unterschreiben. Es stellte sich heraus, dass es ein Testament war, in dem die Frau ihr gesamtes Erbe Bernd Schneegans überlassen hätte. Ihr Mann wäre nicht nur Witwer geworden – was nach einigen Tagen eintraf –, sondern hätte seine Wohnung verlassen müssen, weil sie seiner Frau, nun aber Bernd Schneegans gehörte. Bernd Schneegans war ein Erbschleicher.

Nach dieser Enttäuschung kamen der Ostpreuße und ich einander wieder näher.

Der Pastor und sein Mitarbeiter

Meine Tochter schaute aus dem Fenster und forderte ihre Mitbewohnerinnen auf, dasselbe zu tun. Sie kommentierte: „Da kommt der Verrückteste, den ich je gesehen habe." Auf dem Fahrrad nahte sich mein Mitarbeiter. Es bleibt nicht aus, dass ein großer Seelsorgebezirk nicht von einem Pastor allein bedient werden kann. Mir wurden immer wieder mal Mitarbeiter beigestellt, die einen schwächer, die anderen besser. Dieser nun aber war von besonderer Art. Er hieß Anton Küffner (Name verändert) und war eine traurige Gestalt. Angestellt war er als Gemeindehelfer, aber er wäre gern Pastor geworden. Davon konnte nun keine Rede sein, seine Begabung und sein Charakter reichten dafür bei weitem nicht aus. Ich betraute ihn mit der Jugendarbeit. Einmal kam mein Sohn aufgeregt in die Wohnung. „Anton behauptet, das Universum sei vor 6000 Jahren geschaffen worden!" Er gehörte zu den Biblizisten, die die symbolischen Zeitangaben der Bibel für kalendarisch korrekt halten. Ich knöpfte ihn mir vor. Ich sagte: „Was du selbst glaubst, ist mir gleichgültig. Aber diese Lehre von den 6000 Jahren wird in meiner Gemeinde nicht verbreitet!" Er hielt sich wohl daran; ich hörte davon nichts mehr.

Zum Gemeindefest mit Grillstation beauftragte ich ihn, Schweinenackensteaks zu besorgen. Als ich das Fleischpaket öffnete, sah ich, dass er Schweinerückensteaks mitgebracht hatte. Die sind für Grillfeste so gut wie ungeeignet, weil sie auf dem Grill sehr schnell trocken und damit fast ungenießbar werden. Ich sagte, ich hätte doch Schweinenacken und nicht Schweinerücken bestellt. Er meinte, der Schweinerücken hätte doch viel appetitlicher ausgesehen. Nun ja, sollte er seine Schweinerückensteaks nur auf den Grill werfen. Nach Ende der Veranstaltung lagen die Steaks zum größten Teil ungegessen auf dem der Servierplatte. Anton hatte nichts verstanden. Er fragte mich, warum die wohl nicht gegessen worden seien. Meine Antwort kann sich jeder vorstellen.

Den Grill verlieh ich anschießend an meine Tochter, die in einer nicht allzu fernen Wohngemeinschaft lebte. Sie wollte mit ihren Mitbewohnern ein Grillfest feiern. Ich brauchte den Grill ein paar Tage später für meine Jugendlichen. Ich beauftragte Anton Küffner damit, den recht großen Grill von meiner Tochter zu holen. Er besaß einen Kleinbus, der das Gerät mühelos aufnehmen konnte. Er sagte auch zu. Am Tag vor der Grillparty mit den Jugendlichen wollte er einen Rückzieher machen. Seine Frau brauche den Wagen. Ich war nicht begeistert. Ich bestand auf meine Anweisung – er hatte zugesagt, er musste es auch tun, zumal mein Wagen zu klein war für den Gemeindegrill. Es blieb ihm nichts anderes übrig als auf einen Weg zu sinnen, wie ich den Grill trotz des fehlenden Autos doch noch rechtzeitig bekommen könnte. Meine Tochter nun beobachtete Anton Küffner, wie er mit dem Fahrrad kam. Da ließ sie ihren Spruch los, nicht ahnend, wie bald er sich erfüllen würde. Er betrat das Haus und fragte nach dem Grill. Meine Tochter war etwas irritiert. Ihre Wohngemeinschaft verfügte über keinen Wagen, mit dem der Grill hätte transportiert werden können. Wie sich herausstellte, war das kein Problem – der Grill hatte ja zwei Räder an der rechten Seite. Anton Küffner nahm den Grill bei beim gegenüberliegenden Griff, sozusagen bei den Hörnern, schwang sich auf sein Fahrrad und fuhr los. Mit der rechten Hand steuerte er sein Fahrrad, mit der linken zog er den Grill neben sich her. Unten hatte der Grill eine Ablage, die aus unbefestigten Latten bestand. Bei seiner Fuhre verlor er eine Latte nach der anderen, musste jedes Mal absteigen, sie aufheben, wieder unter den Grill platzieren, aufsteigen und weiterfahren. Die Beobachter in der Wohngemeinschaft bogen sich vor Lachen. Es war das Verrückteste, was sie je gesehen hatten. Ich aber konnte meine Grillparty rechtzeitig starten.

Bei einem Gemeindefest trat er in kurzer Hose auf – völlig unmöglich in meinem Verständnis. Als die Veranstaltung zu Ende war, nahm ich ihn beiseite und sagte: „Bitte sei so gut und tritt nicht mehr mit kurzer Hose vor die Gemeinde." Ich dachte, ich hätte das in einem ruhigen, sachlichen Ton gesagt. Er aber brauste lautstark auf und schrie mich buchstäblich an.

Damit zog er die Aufmerksamkeit einiger Gemeindeglieder auf uns, die teils mit Unverständnis für meine Dienstanweisung reagierten. Ich aber sagte, wenn auch nur eine einzige Person durch die Kleidung verärgert werden könne, sei das ein hinreichender Grund, sich künftig zumindest einigermaßen korrekt zu kleiden. Das sah er schließlich ein, und wir schieden friedlich und freundschaftlich auseinander. Die Gemeindeglieder, die das bemerkten, atmeten hörbar auf.

Der Pastor und die Engländer

„We are thrilled over the visit in your congregation!" Ich kannte das Wort „thrilled" nicht, ich brachte es mit dem Thriller zusammen und verstand: Wir sind tief erregt von unserem Besuch in eurer Gemeinde. Der Sprecher sagte es mit solchem Nachdruck, dass ich das Gefühl hatte: Er meinte das auch so. Das war wohl auch in gewisser Weise richtig; doch eine Kontrolle im englischdeutschen Wörterbuch ergab die Bedeutung „begeistert". Das ist denn doch eine Nummer kleiner als „erregt". Aber von einem Besuch begeistert zu sein, ist ja auch schon ein hohes Lob für die Gastgeber.

Den Besuch regte ein Glied meiner Gemeinde an. Er bezog sich darauf, dass die Stadt, in der wir lebten, Velbert, eine Partnerschaft mit einer Stadt in England hatte, mit Corby, ein Name, den ich noch nie gehört hatte. Es folgte ein Schriftwechsel, und nach ein paar Monaten war es so weit: Ein Bus aus England stand vor der Tür, etwa zehn Gemeindeglieder aus Corby stiegen aus und harrten der Dinge, die da kommen sollten. Um es kurz zu machen: Der Besuch war ein voller Erfolg, die Engländer waren, wie schon gesagt, „thrilled". Gegenbesuche waren fällig, eine Abordnung aus meiner Gemeinde war schnell zusammengestellt, und mit dem Bus fuhren wir nach England – das heißt, dazwischen lag natürlich der Kanal, den wir mit dem Schiff überquerten. Wir gerieten dabei in einen leichten Sturm, das Schiff schlingerte nicht ganz unerheblich durch die Wogen. Das Schlingern an sich machte mir nicht viel aus; was mir etwas ausmachte, war der Gestank, der von Passagieren ausging, denen das Schlingern sehr wohl etwas ausmachte und die darob seekrank geworden waren.

Auch das war einmal beendet und wir bestiegen wieder den Bus. Der Fahrer war noch nie in England gewesen, aber schlug sich wacker durch mit dem Linksverkehr. Aber er verfehlte wohl eine Ausfahrt. Unversehens befanden wir uns in einem Vorort von London. Groß war der Jubel, als wir an der John-Wesley-Statue vorbeikamen, die an den Gründer des Methodismus erinnert. Allerdings hielt sich der Jubel dann doch sehr in Grenzen, als wir ein zweites Mal daran vorbeifuhren. Als der Busfahrer dann noch trotz Benzinmangels an zwei Tankstellen vorbeifuhr, verstärkte sich der Eindruck, er sei blind. Das war er natürlich nicht; er suchte nur eine Tankstelle mit einem bestimmten Schild, das eine internationale Abrechnungsweise anzeigte. Gleichviel, wir kamen in Corby an, wenn auch wesentlich später als geplant und übermüdet.

Im Vorfeld erfuhren meine Frau und ich, dass wir bei einem Ehepaar in mittleren Jahren untergebracht seien. Wir hatten vor, ihnen als Gastgeschenk ein paar Flaschen Wein mitzubringen. Vorher fragten wir den Teilnehmer, der die Gruppe bei ihrem Besuch bei uns geleitet hatte, ob das wohl ein angemessenes Geschenk sein würde. Er antwortete, o nein, alles, aber das nicht. Unsere Gastgeber seien sehr fromme Christen, die sich höchstens einmal zu Weihnachten ein Gläschen Wein genehmigten. Wir entschlossen uns daraufhin, ihnen ein Schallplattenalbum mit den Rosenkranzsonaten von Heinrich Ignaz Konrad Biber mitzubringen. Das sind 16 Sonaten, die sehr intensiv einzelne Stationen des Weges und Leidens Christi musikalisch darstellen. Für mich war dies eine unerhört aufregende Musik, ich war sozusagen „thrilled". Aber unsere Gastgeber waren davon wenig angetan. Sie würden es, so sagten sie, auf Musikkassetten überspielen und beim Autofahren hören. Ich kommentierte das nicht.

Eines Abends machten wir einen Spaziergang durch Corby und Umgebung. Dabei kamen wir an verschiedenen Gasthäusern vorbei. In England haben diese Gaststätten in der Regel sehr schöne, ästhetische Aushängeschilder, auf denen eine bildliche Darstellung des Namens der Stätte sowie natürlich der Name selbst zu sehen sind. Wir kamen an verschiedenen Kneipen vorbei und ich lobte die Schilder jedes Mal über den grünen Klee, immer in der Hoffnung, unsere Gastgeber würden die geheime Botschaft dahinter verstehen – dass ich nämlich eine solche Kneipe gern von innen sehen würde. Ich wagte nicht, direkt danach zu fragen, denn sie waren ja sehr fromme Christen und gönnten sich höchstens zu Weihnachten ein Gläschen Wein. Aber nach etlichen Anläufen erkannten sie meinen Wunsch und fragten, ob wir nicht eine dieser Kneipen besuchen wollten. „Selbstverständlich!" antwortete ich, und nun gab es kein Halten mehr. Sie hatten nämlich eine Stammkneipe, „George Vth" mit Namen. Als wir dort eintraten, gab es ein großes Hallo. Da merkten wir: Unsere sehr frommen Christen waren Stammgäste in diesem Lokal. Sie hatten geglaubt, wir seien sehr fromme Christen und würden uns höchstens zu Weihachten ein Gläschen Wein genehmigen. Sie hatten es darum nicht gewagt, uns in ihre Stammkneipe einzuladen. Nun, fromm waren wir schon und unsere Gastgeber ebenfalls. Aber unsere Frömmigkeit schloss die Freuden des Lebens nicht unbedingt aus. Es wurde dann ein sehr heiterer Abend. Sogar der Wirt beteiligte sich an den angeregten Gesprächen. Er bediente uns weit über die Sperrstunde hinaus, die in England bekanntlich schon um 23 Uhr ausgeläutet wird. Dass dabei niemand über den Durst trank, versteht sich von selbst, waren wir doch fromme Christen.

Die Engländer gaben sich sehr viel Mühe, uns die Sehenswürdigkeiten der Umgebung zu zeigen. In Erinnerung geblieben ist mir der Besuch bei einem Schleusensystem. In 16 kleinen Schleusen wird das Wasser über einen Gebirgskamm geleitet. Sie alle muss man mit der Hand öffnen und schließen. Wir wurden Zeugen, wie ein sogenanntes Narrow-Boat durch die Schleusen geführt wurde. Der Kanal war so schmal, dass man glaubte, hinüberspringen zu können; ein Olympiateilnehmer im Fach Weitsprung könnte tatsächlich mühelos noch weiter springen. Entsprechend schmal sind die Boote, eben: narrow. Und lang waren sie. Obwohl die Boote so schmal sind, kann sich auf ihnen ein reges Leben entfalten. Ich wäre gern einmal mit einem Narrow-Boat durch Südengland geschippert. Dieser Wunsch ist unerfüllt geblieben und wird es bleiben.

Auch an das Triangel Lodge erinnere ich mich. Es ist ein Haus, in dem jeder Raum dreieckig ist. Nur die Wände sind viereckig, wie wäre es anders auch wohl möglich gewesen. Das Prinzip des Dreiecks ist eben nicht durchzuhalten.

Eine Fahrt nach Stratford-upon-Avon, dem Geburtsort von William Shakespeare, war ebenfalls eindrucksvoll – nicht allein wegen des großen Dramatikers, dessen Werke immer noch aufgeführt werden, sondern auch wegen der Schönheit dieses Ortes.

Wir waren bei einem weiteren Aufenthalt zu Gast bei einem Pastorenehepaar. Das Besondere daran war, dass nicht er der Pastor, sondern sie die Pastorin war. Er war Konstrukteur bei einer Firma für Flugzeugbau und wusste alles über Propeller. Seine Frau verspürte recht früh die Berufung, Pastorin zu werden. Aber die Kirche erlaubte lange Zeit nicht, dass eine Frau auf der Kanzel stand. Dann aber änderte sich ihre Einstellung. Die Frau war mittlerweile älter als 50 Jahre geworden; doch sie verlor keine Zeit, sofort die Ausbildung zu beginnen. Sie war kurz vor 60, als sie ihre erste Gemeinde zugewiesen bekam.

Mit ihr machten wir Fahrten und Spaziergänge durch die Gegend. Immer wieder begeisterten mich ganze Alleen blühender Bäume. Ich verlieh meiner Begeisterung Worte, aber die kamen nicht besonders gut an. Ich solle doch wiederkommen, wenn die Sonne die Blüten bescheine, meinte meine Gastgeberin. Das war nun nicht gut möglich. Trotzdem blieben die blühenden Bäume in meiner Erinnerung.

Insgesamt entwickelte sich bei mir eine stille Liebe zu England, die auch durch politische Misshelligkeiten nicht gestört wurde.

Ereignisreich waren auch die Besuche der Engländer bei uns. Wir gaben uns ebenfalls alle Mühe, ihnen den Aufenthalt bei uns so anregend und angenehm wie möglich zu gestalten. An zwei Erlebnisse erinnere ich mich besonders gern. Zur Darstellung des ersten ist eine Vorbemerkung nötig.

Der Niederrhein und das Münsterland sind reich an Wasserburgen. Einige davon sind von überwältigender Schönheit, so vor allem Burg Vischering, eine Wasserburg, bei der die Zeit stillgestanden zu sein scheint. Auch Schloss Lembeck gehört dazu. Es gefiel uns so gut, dass wir Gemeindeausflüge dorthin veranstalteten. Wir durften grillen, die Kinder konnten spielen, wir konnten sogar in der Schlosskirche Gottesdienst halten.

Selbstverständlich fuhren wir mit den Engländern nach Schloss Lembeck. Man kannte uns ja schon, und es gab keine Probleme bei der Besichtigung des Schlosses. Allerdings machte uns ein anderes Problem erheblich zu schaffen. Vor der Brücke über den Wassergraben befindet sich eine Wiese. Mit meinem schönen Auto, siehe oben, fuhr ich mit Schwung auf diese Wiese. Die Reifen versanken im Nu in dem feuchten Boden. Es gab kein Vorwärts und kein Zurück. Aber es waren ja genügend Männer zur Stelle. Sie gaben sich alle Mühe, doch es dauerte an die zwei Stunden, bis der Wagen vorläufig wieder flott war – nur, um nach ein paar Metern Rückwärtsfahrt wieder zu versinken. Aber nun wussten die Männer ja schon, wie sie es bewerkstelligen konnten, und in Minutenschnelle war ich von der Wiese herunter und stand brav auf der Straße.

Ich schämte mich furchtbar wegen dieses Reinfalls. Ich tat es so lange, bis ich einen späteren Bericht der Engländer über ihre staunenswerten Erlebnisse bei uns las. Da stand sinngemäß geschrieben: „Niemand wird vergessen, wie der Pastor einmal mit seinem Wagen festsaß und wir ihn befreiten – ein köstliches Abenteuer!" Da ging es mir auf, dass ich den Männern zu einem „köstlichen Abenteuer" verholfen hatte, und schämte mich nicht mehr.

Wir hatten den Besuch in einem Schau-Bergwerk hinter uns gelassen und betraten das Lokal, das ich vorher für uns reserviert hatte. Da geschah etwas Unfassbares. Der Wirt führte uns in einen Raum, der für alle Teilnehmer groß genug war. Dort war ein üppiges kaltes Buffet aufgebaut. Der Wirt machte eine einladende Handbewegung und sagte: „Bedienen Sie sich! Es ist alles kostenlos. Sie sind eingeladen!" Aufs Äußerste überrascht fragte ich ihn, wie es zu dieser Einladung gekommen sei. Er lüftete das Geheimnis: Jemand hatte für den Abend zuvor das kalte Buffet bestellt und war nicht gekommen, so dass die Köstlichkeiten unberührt geblieben waren. Bevor das alles hätte weggeworfen werden müssen, hatte es der Wirt lieber seinem eigentlichen Zweck zuführen und unserer Gruppe anbieten wollen. Wir ließen uns nicht weiter nötigen und genossen die zahlreichen Leckerbissen mit Dank und Hochachtung für diese weise Entscheidung des Wirtes.

Der Pastor und seine Fahrt nach Polen

Das ganze Land lag brach. Die Militärregierung Polens war außerstande, die Menschen ausreichend mit Nahrungsmitteln und Medikamenten zu versorgen. Hilferufe kamen in den Westen, vor allem nach Westdeutschland. In meiner Gemeinde entstand der Entschluss, den Menschen mit einem Lebensmitteltransport zu helfen. Ein geschlossener Lastwagen wurde mit Lebensmitteln und mit im damaligen Polen kaum erhältlichem Kaffee beladen. Bei dem für uns zuständigen Zollamt ließen wir den Wagen mit Plomben versehen. Wir hofften, damit den Zolluntersuchungen zu entgehen. Eine Abordnung von drei Personen machte sich auf die Reise. Es war eine lange Reise. Die Fahrt durch Westdeutschland wurde in der Nacht unternommen, damit wir die polnische Grenze bei Tag erreichen konnten. Ich saß neben dem Fahrer und schlief unruhig. Was, wenn der Fahrer auch einschlafen würde? Immer wenn ich kurz erwachte, begann ich ein gleichgültiges Gespräch, um ihn wach zu halten. Wir erreichten die deutschdeutsche Grenze. Der Zöllner prüfte nur unsere Papiere und die Verplombung und ließ uns weiterfahren. Anders verlief es an der Grenze zu Polen. Der Grenzer wühlte im Führerhaus herum, suchte hier, suchte da – wir waren etwas irritiert. Er fragte dann: „Wo ist der Kaffee?" Der Kaffee? Der war hinten auf dem Wagen, hinter der Plombe, die der Grenzer nicht öffnen durfte. Er fragte mit fast weinerlicher Stimme: „Haben Sie denn gar nichts für mich?" Ach so, das war das Problem. Er wollte bestochen werden. Die Plombe öffnen durften auch wir nicht, bevor wir in Warschau ankamen und dort dem Zollamt vorführten. Aber wir hatten noch ein paar Konserven als Proviant im Führerhaus. Die händigten wir ihm aus. Er war nicht ganz zufrieden, ging aber ins Zollhaus zurück. Dabei hielt er die Büchsen so, dass kein Kollege sie sehen konnte. Dachte er jedenfalls. Aber alles ging gut, der Schlagbaum ging nach oben und wir konnten unsere Fahrt fortsetzen. Kaum waren wir aus dem Zollbereich heraus, hielt vor uns ein entgegenkommendes Auto, ein Mann stieg aus und machte ein Zeichen: die rechte Hand nach vorn, die linke zurück und das unablässig in großem Tempo. Das passierte noch einige Male. Schließlich erkannten wir den Zweck dieser Übung: Sie wollten Geld tauschen und zwar für den Schwarzmarkt. Der Zloty war auf einem Tiefstand gesunken, der einen einigermaßen akzeptablen Einkauf nicht zuließ. Wir waren durchaus nicht abgeneigt, Geld zu tauschen, aber wir wollten es in Warschau in einer verbergenden Menschenmenge tun. Wer weiß, wer uns unterwegs deswegen hätte anhalten wollen, es hätte jemand von der berüchtigten polnischen Staatssicherheit sein können.

In Warschau fielen uns zwei Dinge auf, die die Lage in Polen kennzeichneten. Das erste waren schier endlose Schlangen von Autos vor den Tankstellen. Sie waren kilometerlang. Wir jedoch mit unserem Westgeld kamen unbehelligt bis zur Zapfsäule. Die Wartenden sahen uns nicht gerade mit freundlichen Augen an. Das zweite, was uns auffiel, war die ungeheuer große Anzahl von Menschen, die zu Fuß und mit raschen Schritten unterwegs waren, manche von ihnen in einem Tempo, das uns auf Unruhe und Angespanntheit schließen ließ.

An unserem Bestimmungsort, einem evangelischen Gemeindehaus, angekommen, wurde der Wagen rasch entladen. Die Menschen sahen bedrückt aus. Das änderte sich auch nicht, als wir miteinander zu Mittag aßen. Die Mahlzeit bestand im Wesentlichen aus Kartoffeln.

Am Nachmittag eilten wir zum Bahnhof. Man hatte uns gesagt, dass dort die meisten Menschen zu finden wären, die gern schwarz Geld tauschten. Wir fanden einen jungen Mann, der uns einen guten Eindruck machte und uns einen guten Kurs anbot. Die Scheine, die wir für wenig Westgeld erwarben, waren fast nicht zu zählen. Doch die Läden waren leer. Wir suchten einen Lebensmittelladen auf. Auch er war leer. Eine Verkäuferin versuchte, uns eine Handtasche zu verkaufen. „Skora!" deklamierte sie fortwährend. Wir kannten das Wort nicht. Später dachten wir uns, dass das wohl Leder heißen könnte. Ein heutiger Blick ins Internet zeigt, dass wir damals richtig lagen.

Ein Laden war nicht so leer. Das war eine Schallplattenhandlung. Der Zloty-Kurs war so niedrig, dass eine Langspielplatte nach unserer Währung 50 Pfennig kostete. Ich stattete mich mit einer ansehnlichen Anzahl Platten aus. Ich war begeistert, ich war glücklich. Zu Hause stellte sich dann heraus, dass einige Platten unbrauchbar waren.

Beim Abschied schenkte uns die Gemeinde eine kleine handgewobene Decke. Dabei entspann sich ein kleines Drama. Einer unserer Fahrer hatte sich in eine junge Frau aus dem Gemeindezentrum verliebt. Die Liebe war gegenseitig. Es gab Tränen.

Auf der Rückfahrt passierten wir die polnisch-deutsche Grenze ohne Probleme, auch die DDR-Grenzer behelligten uns kaum. Umso schärfer kontrollierte uns der westdeutsche Zoll. Der Ton, in dem der Zöllner mit uns sprach, kann nicht anders als rüde genannt werden. Er setzte sich ungefragt auf den Beifahrersitz und kramte neugierig in unseren Sachen herum. Schließlich entdeckte er die handgewobene Decke und machte ein Riesentheater. Er behauptete, wir hätten sie schmuggeln wollen, an den Argusausgen des Zolls vorbei. Wir gaben uns alle Mühe, den Sachverhalt zu klären. Er aber beschlagnahmte die Decke und teilte uns mit, wir könnten sie am Zoll unseres

Heimatortes ja abholen, nachdem wir dort den Zoll entrichtet hätten. „Gute Fahrt!" Wir konnten noch froh sein, dass er uns nicht angezeigt hatte. Die Decke, die wir dann beim Zollamt unseres Heimatortes abholten, erwies sich als zollfrei.

Der Pastor und seine Fahrten und Flüge nach Ostberlin

„Bei aller Liebe – so geht es nicht!" Im Pass eines Teilnehmers war ein Blatt herausgerissen und wieder hineingelegt worden. Der Zöllner fasste das Blatt mit spitzen Fingern an. Er war nicht einmal unfreundlich. Aber er verwehrte Matthias die Einreise. Es überraschte mich nicht. Matthias musste in Westberlin bleiben, während die anderen nach „Berlin – Hauptstadt der DDR" einreisen durften. Dort trafen wir uns mit Studenten aus der DDR. Es war meine Aufgabe, diese Treffen von Jahr zu Jahr zu organisieren. Wir wohnten in einem Gästehaus der Evangelisch-methodistischen Kirche in Westberlin und reisten jeden Tag aufs Neue in den Osten. Dabei benutzten wir verschiedene Übergänge, um den Grenzern ja nicht aufzufallen. Wir nahmen auch theologische Literatur mit. Wir taten das ganz offen und stellten den Grenzern die Bücher vor. Die hatten natürlich keine Ahnung von den Inhalten und ließen uns mit unseren Büchern anstandslos einreisen. Im nächsten Jahr beschlossen wir, jeden Tag denselben Übergang an der Bornholmer Straße zu benutzen. Auch das klappte vorzüglich mit den Büchern. Bei der Einreise am letzten Tag fragte uns der uns unbekannte Grenzer, ob wir Bücher dabei hätten. Wir hatten keine mehr. Der Grenzer fragte nur: „Heute nicht?" Er wusste genau Bescheid. Und ließ uns durch.

In Ostberlin trafen wir auf junge Christen, die von ihrem Staat wegen des Eintretens für ihren Glauben benachteiligt wurden. Die Studenten durften nur Spezialstudien in der metallverarbeitenden Industrie und ähnlichen Fächern treiben. Einige von ihnen studierten Theologie. Abends, nach einem Glas Wein – ausgesprochen selten in der DDR und mit der gebührenden

Feierlichkeit genossen! – kamen dann die inneren Nöte und Verbiegungen der Studenten zutage. Aber nicht immer verstanden sich die westdeutschen Studenten mit den ostdeutschen. Wir tagten in dem berüchtigten Berliner Stadtteil Marzahn, inmitten der zahllosen Hochhäuser. Einer der westdeutschen Teilnehmer bemüßigte sich, emphatisch zu sagen: „Dass ihr in dieser Steinwüste leben müsst! Das ist wirklich schrecklich." Er erntete lebhaften Widerspruch. Die Ostberliner Teilnehmer zeigten kein Verständnis für diese Äußerung. Sie reagierten beinahe empört. Sie fühlten sich in Marzahn, wie sie sagten, „bestens versorgt".

Fotografieren war nur eingeschränkt erlaubt. Zum Beispiel durfte man auf keinen Fall einen Bahnhof ablichten. Eine Teilnehmerin wusste es nicht oder hatte nicht daran gedacht. Bei einem Aufenthalt auf einem Bahnhof in Ostberlin entdeckte sie eine Taube auf den Gleisen und fotografierte sie. Ich erschrak und fürchtete ernste Konsequenzen. Da kam auch schon ein Bahnbeamter an. Er hatte gesehen, dass sie fotografierte. Er sagte, das sei verboten, sie müsse den Film belichten. Darunter versteht man in der Regel, dass der Film aus der Kamera entnommen wird und die Fotografien durch das Licht vernichtet werden. So sah es das entsprechende Gesetz wohl auch vor. Die Teilnehmerin war bestürzt. Alle die schönen Erinnerungsfotos verloren! Der Beamte sagte zu ihr: „So, jetzt nehmen Sie mal ihre Kamera und halten Sie sie ins Licht. So. Und nun drücken Sie den Auslöseknopf. Gut! Jetzt ist der Film belichtet." Sprachs, drehte sich um und ging. Die Fotos auf dem Film waren um eines bereichert.

Im Jahre 1977 kam ich das erste Mal in die DDR. Wir hatten von unsrer Ausbildungsstätte einen Partner zugewiesen bekommen, mit dem wir in Kontakt treten und den wir nach Möglichkeit auch besuchen sollten. Zunächst fuhren wir als Gruppe nach Ostberlin. Dort hatten wir Zeit, durch das Geschäftsviertel zu bummeln. Ein Kollege und Freund erzählte mir nachher, dass eine Frau ihn angesprochen habe. Er möge ihr doch aus Westberlin ein paar Seidenstrümpfe mitbringen. Sie würde dafür auch eine Nacht mit ihm verbringen. Mein Freund kaufte ihr Seidenstrümpfe ohne natürlich die nächtliche Belohnung anzunehmen.

Zwischen meinem Partner und mir entwickelte sich eine langjährige Freundschaft. Immer wieder einmal fuhr ich in die DDR, um ihn zu besuchen. Er war Pastor in einer norddeutschen Stadt, und ich hatte Gelegenheit, selbst zu sehen, wie heruntergekommen die einst so schöne Stadt war. Ich reiste meistens allein, weil wir unseren Kindern die Fahrt mit den langen Wartezeiten an der Grenze nicht zumuten wollten. Aber ich zeigte der Familie natürlich Fotos von meinen Kindern. Nun wollte mein Partner keine einseitige Beziehung, wir als die Gebenden und er und seine Familie als die Nehmenden. Deshalb schenkte er mir eines Tages eine kleine Lederhose für meinen Sohn. Ich nahm das Geschenk mit geteiltem Herzen an. Einerseits freute ich mich darüber. Andererseits fürchtete ich, dass meine Ausreise dadurch erschwert würde. Ich entschloss mich, kein Risiko einzugehen und die Hose nicht etwa schwarz über die Grenze bringen zu wollen. Ich zeigte sie ganz offen der Grenzerin. Sie war noch relativ jung und etwas geschminkt. Sie sagte, es sei doch verboten, Kleidungsstücke aus der DDR auszuführen. Ich erzählte ihr, dass dies ein Gastgeschenk für meinen kleinen Sohn sei. Sie blickte mir tief in die Augen, als würde sie mit mir flirten, und sagte: „Verschwinden Sie damit, aber schnell!" Ich verschwand mit der Hose in Richtung Westdeutschland.

Als die Kinder etwas größer waren, nahm ich sie und meine Frau doch einmal mit. Damals musste man einen Zwangsumtausch von 25 Mark pro Person vornehmen, Kinder waren frei. So fuhren wir mit 50 DDR-Mark durch die Lande. Sie auszugeben hatten wir wenig Gelegenheit; unsere Gastgeber hatten für alles gesorgt. So lud ich sie denn an unserem letzten Abend zum Essen ein. Das war damals nicht so leicht, wie es sich anhört. Man konnte das Restaurant nicht einfach so betreten, man wurde platziert. Wir hatten Glück und konnten ziemlich schnell unsere Plätze einnehmen: mein Partner, seine Frau und zwei Kinder, meine Frau und ich und ebenfalls zwei Kinder, zusammen acht Personen. Wir aßen wohlschmeckend und üppig. Die Kinder bekamen Limonade, deren Qualität immerhin akzeptabel war, die Erwachsenen tranken in Maßen den bulgarischen Rotwein. Am Schluss erbat ich einen Cognac. „Cognac ist leider gerade aus. Wollen Sie nicht mit unserem Goldtröpfchen vorliebnehmen?" Natürlich wollte ich. Schließlich hatte sich ja meine Frau bereit erklärt, uns nach Hause zu fahren, und bei meinem Partner war es ebenso. Dann wurde uns die Rechnung präsentiert. Wir hatten für ein opulentes Mahl mit Vorsuppe, Nachtisch und Getränken für acht Personen unsere 50 Mark DDR-Geld nicht aufbrauchen können.

Ich arbeitete später für einen Verlag mit Kollegen in Ostberlin zusammen. Der Verlag war so großzügig, uns mit Flugtickets auszustatten. Meine Tochter kommentierte das mit den Worten: „Du darfst aber nicht abstürzen!" Das hatte ich auch nicht vor. Allerdings befiel mich eine leichte Flugangst. Es war das erste Mal, dass ich mit dem Flugzeug unterwegs war. Die drei verschiedenen Linien, denen es erlaubt war, das Gebiet der DDR zu überqueren, waren nach ihrer Verpflegung zu unterscheiden. In französischen Flugzeugen wurden wir mit einem Champagner traktiert. Man konnte ihn unbegrenzt nach-bestellen. Das Essen war mehrgängig und exquisit. In amerikanischen Flugzeugen gab es amerikanisches Budweiser-Bier und eine einfachere, aber gute Mahlzeit. In britischen Flugzeu-gen gab es am Ende nur noch ein Brötchen, in einem Plastikbeutel am Sitz festgemacht.

An den U-Bahn-Höfen konnte man die Folgen der Wende erkennen. Die U-Bahn-Wege von unserem Hotel bis zur Gren-ze verliefen teilweise – dem Gebiet von Ostberlin. Sie passier-ten einige aufgegebene U-Bahn-Bahnhöfe, an denen der Zug natürlich nicht hielt. Sie waren mit einem bescheidenen, dämmerigen Licht ausgestattet. Das änderte sich schlagartig nach der Wende. Plötzlich erstrahlten sie in gleißendem Licht und man sah die Arbeiter, die die Bahnhöfe wieder ver-kehrsfähig machten.

Die Arbeit, die wir zu erledigen hatten, war die alljährliche Erstellung eines Programms mit dem Titel: „Ökumenischer

Kreuzweg der Jugend". Bilder und Lieder mussten ausgewählt werden, manchmal wurden auch Kompositionsaufträge vergeben. Die einzelnen Bilder sollten in möglichst tiefgründiger, aber für Jugendliche verständlicher Sprache kommentiert werden. Drei Konfessionen waren und sind bis heute daran beteiligt: die katholische, die evangelische und die Evangelisch-methodistische Kirche. Die Kontakte, die ich dort knüpfen konnte, haben mich sehr bereichert.

Wir hatten geplant, am Vormittag des darauffolgenden Tages zurückzufliegen. Aber wir konnten unsere Arbeit wesentlich früher beenden als geplant. So konnten wir noch am Abend desselben Tages zurückfliegen. Um 19.30 Uhr landeten wir in Düsseldorf. Von dort wollte ich mit öffentlichen Verkehrsmitteln nach Hause fahren, das war in Velbert. Leichter gesagt als getan! Ich musste verschiedene Buslinien benutzen, deren Abfahrten nicht koordiniert waren. Am Ende dauerte die Fahrt von Düsseldorf nach Velbert, einem Ort etwa 30 km entfernt, mehr als vier Stunden. Von Berlin nach Düsseldorf war es nur eine einzige Stunde gewesen.

So kam ich denn gegen Mitternacht zu Hause an. Alles war dunkel, die Familie war schon zu Bett gegangen. Ich ging zum Schlafzimmer, öffnete die Tür und schaltete das Licht ein – und schaute in die entsetzten Augen meiner aufgeschreckten Frau. Nach ein paar Augenblicken fasste sie sich und sagte: „Ach, du bist es wirklich. Ich hatte schon gedacht, du seist abgestürzt und würdest mir nun als Geist erscheinen."

Der Pastor und seine Diebe

Ich war noch ziemlich jung und unerfahren. Ein alter Kollege hatte mir erzählt, dass er das biblische Wort „Er schenkt Wein, der das Herz des Menschen erfreut" sehr ernst genommen habe (Psalm 104.15 in der Neuen Genfer Übersetzung). Immer wenn jemand mit einer Not zu ihm gekommen sei, habe er diesem ein Glas Wein angeboten, damit sein Herz sich freue. Ich beschloss, es ebenso zu halten. Eines Abends klingelte es bei mir. Zwei junge Männer standen vor der Tür und klagten mir ihr Leid. Worin es bestand, weiß ich nicht mehr. Es musste wohl eine wirkliche Not sein – ob gespielt oder echt, sei dahingestellt. Ich bat die jungen Männer in mein Dienstzimmer und holte eine Flasche Wein. Sie waren höchst überrascht und genossen das Labsal mit Vergnügen. Dann wollte ich ihnen einen kleinen Geldbetrag zukommen lassen. Ich war töricht genug, vor ihren Augen meinen Schrank zu öffnen und aus einer hölzernen, nicht abgeschlossenen Kassette die beiden Zehnmarkscheine zu holen, die ich ihnen zugedacht hatte. Sie bedankten sich überschwänglich und zogen ihres Weges.

Am nächsten Morgen sah ich, dass die Haustür aufgebrochen war. Ich ahnte schon, was mich erwartete: Die Schranktür stand weit offen, die hölzerne Kassette ebenso. Vom Geld keine Spur. Ich bin davon überzeugt, dass die jungen Männer sich gemerkt hatten, wo ich das Geld hernahm, und sich mir nichts dir nichts selbst bedient hatten. Ich meldete den Fall der Polizei. Sie kamen, hörten sich die Geschichte an und schimpften mich wegen meines Leichtsinns aus – völlig zu Recht. Doch sie nahmen die Anzeige gegen die unbekannten jungen Männer auf. Ein paar Wochen später erhielt ich die Nachricht, dass es nicht gelungen sei, die Diebe zu ermitteln.

Ich aber nahm mir vor, besser auf meine Sachen aufzupassen. Ich bot auch keinem Fremden mehr Wein an.

Meine Jugendlichen bestanden darauf: Zelten auf dem Rasen neben der Kirche. Also ließ ich mich erweichen. Bald stand dort ein kleines Zeltdorf. Die Nacht kam, und ich bereute meine Nachgiebigkeit. An Schlafen war nicht zu denken. Der Lärm von der Straße her drang ungefiltert durch die dünnen Zeltplanen und raubten mir jeden Schlaf. Auch die Jugendlichen blieben schlaflos. Immer wieder kroch einer aus dem Zelt und schlüpfte später geräuschvoll wieder hinein. Da kam jemand von ihnen in mein Zelt gekrochen, rüttelte mich – was gar nicht notwendig gewesen wäre – und teilte mir mit, es sei jemand bei mir eingebrochen. Auch das noch! Ich erhob mich seufzend von meiner Luftmatratze und wankte zu meiner Haustür. Tatsächlich – sie war aufgebrochen! Ich hastete ins

Haus, weckte meine Frau und wir sahen uns um. Wir entdeckten keine Lücke in unserer Habe, weder in der Wohnung noch in der Kirche. Das Rätsel der aufgebrochenen Tür blieb ein Geheimnis.

Beide Einbrüche sorgten für eine nur vorübergehende Irritation. Anders kam es an einem Sonntagmorgen. Kurz vor dem Gottesdienst schaute ich aus dem Fenster und ärgerte mich. Auf dem Gehweg lag das Fahrrad meiner Kinder. Es war ein ziemlich altes, unansehnliches Gefährt. Trotzdem hatte es auf dem Gehweg nichts zu suchen und ich beschloss, mit den Kindern Tacheles zu reden. Aber zuvor musste das Fahrrad versorgt werden. Ich schnappte es mir und wollte es in den Schuppen bringen. Die Tür zum Schuppen stand sperrangelweit offen, und der Ärger auf meine Kinder wuchs. Er schlug um in eine tiefe Betroffenheit. In dem Schuppen waren Spielzeuge meiner Kinder gewesen, unter anderem ein Traktor, den mein Sohn noch nie gefahren hatte, weil das Wetter es nicht zugelassen hatte. Wir hatten es ihm zu Weihnachten geschenkt und er freute sich sehr darauf, es endlich benutzen zu können. Es war nicht mehr da, ebenso wie das Bobby-Car meiner Tochter. So langsam wurde mir klar: Es war eingebrochen worden und die Täter hatten das Spielzeug meiner Kinder gestohlen. Das Fahrrad war ihnen wohl zu alt und unansehnlich, so hatten sie es auf dem Gehweg fallengelassen. Ich war tief getroffen von dem Einbruch. Dass man Kindern ihre Spielsachen stehlen konnte, war mir einfach unfassbar. Ich musste den Kindern ja auch noch sagen, was passiert war. Sie nahmen es erstaunlich locker. Ich aber schlich tagelang herum und schaute in die Gärten, ob ich vielleicht eine Spur von dem Spielzeug entdecken konnte. Es musste ja jemand eingebrochen haben, der sich bei uns auskannte. Natürlich war meine Suche ergebnislos. Das mulmige Gefühl aber, das bei der Entdeckung in meinem Magen aufgekommen war, begleitete mich monatelang; und immer noch, nach fast vierzig Jahren, empfinde ich Wut und Ratlosigkeit bei dem Gedanken an dieses Verbrechen. Wie kann jemand so herzlos sein, Kindern ihr Spielzeug zu stehlen! Ich begreife es nicht.

Es kam mir schon komisch vor, dass die Tür zu meinem Arbeitszimmer offenstand, als ich die Treppe heraufkam. Ich hatte sie doch am Abend vorher abgeschlossen. Ein Blick auf meinen ausnahmsweise wohlaufgeräumten Schreibtisch zeigte mir: Mein Mobiltelefon und mein elektronischer Terminkalender waren verschwunden. Eine Nachbarin, die Tür an Tür mit meinem Dienstzimmer wohnte, bestätigte, dass sie die Tür am Abend vorher geschlossen vorgefunden hatte. Sonst gab es keine Schäden. Auch die Tür war unbeschädigt geblieben. Da hatte es also jemand auf meine elektronischen Geräte abgesehen, der nicht nur genau Bescheid wusste, sondern auch noch einen Schlüssel zu meinem Dienstzimmer besaß. Das schränkte den Kreis der Verdächtigen erheblich ein. Es musste jemand gewesen sein, der entweder im Vorstand der Gemeinde oder als Mitarbeiter tätig war. Es erschien mir völlig abwegig, nun jeden Einzelnen von ihnen zu befragen. Sie hätten das als Verdächtigung empfunden, was es ja auch gewesen wäre, und wären möglicherweise gekränkt von ihrem Amt zurückgetreten. Damit nicht genug, so dachte ich, würde es in der Gemeinde zu unbeherrschbaren Irritationen kommen, wenn ich so vorginge. Wie hätte ich da noch als Pastor arbeiten können?! Ich entschloss mich also, die Sache auf sich beruhen zu lassen. Das Schlimme war nur, dass ich von nun an jeden verdächtigte, mir meine Geräte gestohlen zu haben, der zum inneren Kern der Gemeinde gehörte. Dass ich einen bestimmten Jugendlichen in Verdacht hatte, spielte dabei keine Rolle. Es dauerte ein paar Monate, bis ich jedem Mitarbeiter wieder frei ins Gesicht schauen konnte.

Der Kassenführer war skeptisch. So viel Geld für die Blumen! Ich konnte ihn jedoch, wenn schon nicht überzeugen, so doch wenigstens überreden, mir das Geld für diese frühlingshafte Verschönerung unseres Grundstücks zu genehmigen. Ich kaufte eine erhebliche Anzahl Tulpenzwiebeln und setzte sie eigenhändig aus. Als die Tage länger wurden, gingen sie auf, und bald hatte ich die schönste Tulpenrabatte, die man sich nur vorstellen kann. Jeden Morgen, wenn ich aus dem Fenster sah, freute ich mich an diesem Anblick. Die Freude dauerte nicht lange. An einem Morgen fand ich die Hälfte der Tulpen abgepflückt. Ich pflanzte keine Blumen mehr auf unserem Grundstück.

Der Pastor und das Klavier

Sie war 85 Jahre alt, neben ihr saß ihr dementer Mann. Mein Antrittsbesuch bei einer alten Dame verlief unerwartet. Ich deutete auf das Klavier und erzählte, dass ich auch Klavier spiele. Sie fragte: „Können Sie mir etwas vorspielen?" Natürlich konnte ich. Doch was spielt man bei einer alten Dame von 85 Jahren? Natürlich einen Choral! Das Gesangbuch lag auf dem Klavier, ich schlug es an einer beliebigen Stelle auf und spielte einen Choral. Als ich damit fertig war, sagte sie: „Komisch, immer wenn ein Pastor mein Klavier anfasst, muss er einen Choral spielen. Können Sie auch etwas Anständiges?" So hatte noch niemand mit mir gesprochen! Verlegen schaute ich in einem Notenstapel nach, der neben dem Klavier lag. „Album für die Jugend" von Robert Schumann entdeckte ich. Also gut, das erste Stück war leicht und ich spielte es vom Blatt. Aber sie war nicht zufrieden. „Das sind ja nur gebrochene Akkorde!" sagte sie. „Können Sie nichts anderes?" In diesem Augenblick beschloss ich, den Spieß umzudrehen. Ich fragte nun meinerseits: „Und Sie? Was spielen Sie so?" Sie antwortete: „Ja, wissen Sie das gar nicht? Wir haben doch ein Klaviertrio und wir treffen uns jeden Donnerstag zum Spielen." Ich staunte. „Und was spielen Sie so?" – „Na, was denn schon? Haydn, Mozart, Beethoven, Brahms – was es eben so gibt. Und glauben Sie ja nicht", sie erhob den Zeigefinger, „dass wir nur die langsamen Sätze spielen!" Das hatte ich nach alledem nicht einmal gewagt zu glauben. Nur um der Konversation willen fragte ich: „Und seit wann spielen Sie Klavier?" Ihre Antwort erstaunte mich noch mehr. Sie sagte: „Ich habe mit 70 angefangen."

Diese Geschichte erzähle ich immer dann, wenn jemand glaubt, wegen seines vorgerückten Alters dieses oder jenes nicht mehr vollbringen zu können.

Der Pastor und der Neubau

„Unbarmherzig! Pastor schmeißt Familie aus Kirchenwohnung!" In großen Lettern verkündete die Bildzeitung von dieser Aktion und garnierte den Artikel mit einem verschwommenen Foto von mir, durch einen Balken über den Augen unkenntlich gemacht, und einem Foto von der Familie, die von der Aktion betroffen war. Dies war der Höhepunkt der Auseinandersetzungen, die wir mit dem Neubau unseres Gemeindezentrums hatten.

Angefangen hatte es mit Raumproblemen. Ständig mussten Stühle geschleppt und Tische auf und zugeklappt werden, mussten Räume mehrfach benutzt werden und trotzdem reichte der Platz nicht aus für alle Gemeindegruppen. Ein neues Gemeindezentrum musste her. Um es zu finanzieren, beschlossen wir, Miethäuser, die sich im Besitz der Gemeinde befanden, zu verkaufen. Das ist leichter gesagt als getan. Zwei Häuser waren es, die zum Verkauf standen. Bei einem von ihnen ging der Verkauf problemlos vonstatten. Bei dem zweiten Haus bestand das Problem darin, dass eine Mieterin nicht ausziehen wollte. Wir konnten sie mit einem beachtlichen Geldbetrag abfinden. Das Haus stand nun leer. Käufer wurde ein Ehepaar. Sie kauften das Haus „wie gesehen", aber davon war die Sache weit entfernt. Mit allen möglichen Tricks bis hin zur ausgesprochenen Lüge versuchten die Käufer, den Preis im Nachhinein zu drücken. Über ein paar Monate hin telefonierten sie fast täglich mit mir, um irgendwelche Schäden anzumelden, die für die Preisgestaltung relevant wären. Das eine oder andere konnten wir abstellen. Am Ende war unsere Bereitschaft aufgebraucht, und ich teilte der Ehefrau des neuen Besitzers mit, dass nun das Ende der Fahnenstange erreicht sei und wir nicht mehr in der Lage seien, noch irgendetwas zu verändern. Die Dame war wütend und sagte: „Herr Pastor, ich bin sehr enttäuscht von Ihnen." Ich antwortete: „Das macht nichts, ich bin auch sehr enttäuscht von Ihnen. Am besten ist, Sie gehen Ihre Wege und ich meine." Das war das letzte Telefonat in dieser Angelegenheit. Trotzdem war die beachtliche Summe aus dem Verkauf auf unser Neubaukonto eingegangen.

Das dritte Haus stand auf dem Platz, auf dem wir das neue Gebäude errichten wollten. Es war in der Nachkriegszeit schnell hochgezogen worden, um für ausgebombte Gemeindeglieder eine Unterkunft zu schaffen. Die Gemeindeglieder hatten nun längst eigene Häuser oder wohnten in angenehmeren Wohnungen zur Miete. Das Haus konnten wir später weitervermieten; drei Mietparteien wohnten dann dort. Aber nun musste es abgerissen werden, um Platz für das Gemeindezentrum zu schaffen. Wir boten den drei Mietparteien je 2000 Euro bei rechtzeitigem Auszug an. Eine von ihnen nahm das Geld und verschwand problemlos. Die zweite und die dritte Partei ließen das Geld verfallen. Anschließend weigerten sie sich, auszuziehen. Wir klagten dagegen. Heraus kam folgendes Urteil: Die Mieter müssten bis in einem Jahr ausgezogen sein. Für einen sofortigen Auszug sollten sie 3000 Euro erhalten, ein Betrag, der sich von Vierteljahr zu Vierteljahr um 1000 Euro verringern sollte, um den Mietern einen Anreiz zum rechtzeitigen Auszug zu geben. Sollten sie alle Termine verstreichen lassen, müssten sie trotzdem ausziehen oder eine Zwangsmaßnahme werde vollzogen.

Sie ließen auch diese Zeit verstreichen und das Geld verfallen. Besonders einer von den zwei verbleibenden Mietern musste unbedingt wegen der anstehenden Arbeiten ausziehen. Ich sprach die Ehefrau des Mieters an, wann sie denn nun auszuziehen gedächten. Sie zeigte sich völlig perplex. Ausziehen, wozu denn? Ich drohte mit einem Gerichtsvollzieher. „Das werden Sie niemals tun!" sagte sie. Doch, versetzte ich, in einem Monat sei endgültiger Auszugstermin. Nun bemühte sich die Frau plötzlich panisch, in der Nachbarschaft eine Ersatzwohnung zu finden. Vergeblich. Aber man setzt nicht einfach eine Familie auf die Straße. Ich vergewisserte mich, dass sie eine Bleibe haben würden. Ich nahm Kontakt mit dem Gerichtsvollzieher auf und wir setzten einen Termin fest, den wir dem Mieter auch mitteilten. Das Entsetzen war groß. Eine junge Frau aus der Mietpartei war mit einem jungen Mann aus der unmittelbaren Nachbarschaft zärtlich verbunden. Dieser machte mir die schlimmsten Vorwürfe. Am Ende drohte er mir an, die Zeitung werde auch da sein.

Der Vormittag rückte heran. Früh am Morgen stand der Gerichtsvollzieher mit einem Möbelwagen vor der Tür. Nun war das Jammern groß. Die Mieter weigerten sich standhaft, das Haus zu verlassen. Sie riefen telefonisch ihren Rechtsanwalt herbei. Der konnte nichts anderes tun als ihnen zu offenbaren, dass die Räumung rechtskräftig sei und sie keine Chance hätten, die Wohnung zu behalten. Als sie immer noch nicht gehen wollten, rief der Gerichtsvollzieher die Polizei herbei. Sie kam auch, und mit Entsetzen sahen die Mieter den Schäferhund in Begleitung der Polizisten. Auch ein Reporter von der Bildzeitung stellte sich ein. Die Zeitung war also tatsächlich gekommen. Wir verwiesen ihn des Grundstücks, doch vom Nachbargrundstück aus konnte er ungestört seines unerfreulichen Amtes walten. Er schoss ein Foto von der Familie und von mir, letzteres aus einer relativ großen Entfernung – deshalb war es ziemlich verschwommen. Bei alledem stand mir der Vorsitzende des Bauausschusses treulich zur Seite. Es war Alfred Niederberge, ein Freund, von dem später noch die Rede sein wird.

Den beteiligten Nachbarn schrieb ich einen Brief, in dem ich die Sachlage korrekt darstellte. „Er schlug ein wie eine Bombe!" berichtete mir eine Nachbarin.

Eine knappe Woche später zog auch die verbleibende Mietpartei, eine ältere Dame und ihre Tochter, aus. Der Abriss konnte beginnen.

Der Weg zum Neubau war damit frei, aber noch mit einigen Steinen versehen. Die quälend lange Auseinandersetzung mit dem Baurechtsamt veranlasste mich, von ihm nur noch als Bauverhinderungsamt zu sprechen. Aber das war nicht der einzige Stein im Weg zum Gemeindezentrum.

Wir hatten einen Architekten damit beauftragt, uns einen Entwurf für das neue Gebäude zu machen. Als ich den vor die Augen bekam, erschrak ich. Der Platz war inklusive Parkplatz vollständig ausgenutzt, der Entwurf ging bis an die Grenzen zu den Nachbarn. Vorgesehen war sogar eine Tiefgarage mit Zufahrt. Unser Budget wäre damit hoffnungslos überschritten worden. Als ich mit dem Architekten darüber sprach, meinte er, das sei noch nicht der endgültige Entwurf, sondern er wolle damit lediglich beim Baurechtsamt unsere Rechte feststellen lassen. So weit, so gut, das sah ich ein. Jedoch hatte das Baurechtsamt eine andere Ansicht dazu und stellte den Entwurf als Anfrage den Nachbarn zu. Das war ein verheerender Fehler. Die Nachbarn im angrenzenden Mehrfamilienhaus waren entsetzt. Ich erhielt von jedem von ihnen ein umfangreiches Schreiben eines Rechtsanwalts, des Inhalts, dass dieser Entwurf abgelehnt werde. Die Kosten dafür betrugen 2000 Mark pro Mietpartei. Das insgesamt gute nachbarliche Verhältnis war damit zerstört. Misstrauen gegen uns und unsere Arbeit stellte sich ein. Ich zog den Entwurf sofort zurück, nicht ohne den Architekten mit deutlichen Worten von der Reaktion der Nachbarn zu berichten. Er meinte, es sei doch nicht seine Absicht gewesen, dass die Nachbarn zu diesem Zeitpunkt bereits eine Anfrage erhielten. Aber nun war das Kind in den Brunnen gefallen und wir hatten in der Folge mit dem Argwohn der Nachbarn zu tun.

Es war klar, dass wir mit diesem Architekten nicht mehr zusammenarbeiten wollten. Drei Gemeindeglieder kannten je einen Architekten. Wir baten sie um je einen Entwurf. Von den dreien wählten wir einen aus. Doch wie konnten wir ihn den Nachbarn so vorstellen, dass sie auf einen weiteren Einspruch verzichten würden? Ich lud sie und den Architekten zu einem Gespräch ein. Der Besitzer des Hauses, seines Zeichens Generalvikar in der katholischen Kirche, wurde ebenfalls informiert. An einem Nachmittag erschienen alle in einem unserer Räume. Zu unserer Gemeinde gehörte ein Fachmann für Wohnungsfragen; er war auch mit dabei. Ich bemühte mich mit äußerster diplomatischer Behutsamkeit, das Projekt vorzustellen. Das Gespräch führte zum Ziel.

Doch wieder war es das Baurechtsamt, das uns Steine in den Weg legte. Zwar genehmigte es im Prinzip den Entwurf des

Architekten, forderte jedoch den Einbau eines Lifts. Wieder fürchteten wir, unser Budget überschreiten zu müssen. Das Baurechtsamt zeigte sich unnachgiebig. Wir gingen auf das Wagnis ein. Später sahen wir, dass wir gut daran getan hatten. Die Seniorinnen und Senioren brauchten sich nicht die Treppe hinaufzuquälen. Das Gebäude war barrierefrei.

Die Angebote der Bauunternehmer waren sehr unterschiedlich. Wir wählten den preisgünstigsten und hatten diese Wahl nicht zu bereuen. Mit einem Vertreter der Firma und einem Sachverständigen aus unserer Gemeinde traf ich mich wöchentlich zu einem jour fixe. Die Verhandlungen wurden von unserem Fachmann so hart geführt, dass ich bisweilen glaubte, jetzt werde der Vertreter der Baufirma seine Akten zusammenschlagen und uns auf Nimmerwiedersehen verlassen. Das tat er nicht; aber dank dieses Verhandlungsgeschicks wurde der Kostenvoranschlag lediglich um einen Euro überschritten – den unser Fachmann spontan spendete.

Mich aber nahm der Neubau dermaßen in Anspruch, dass ich eines Morgens nicht mehr sprechen konnte.

Das Verhältnis zu einem unserer Nachbarn drohte wieder erheblich zu vereisen. Ich bekam einen Anruf von der Bauleitung, da sei jemand empört und wolle mich und nur mich sprechen. Ich eilte zur Baustelle und stellte fest, dass ein Lieferant einen Sandhaufen direkt vor der Garage eines unserer Nachbarn abgeladen hatte. Der Ärger war groß. Zur Rede gestellt meinte der Verantwortliche, der Nachbar sei überempfindlich; er brauche doch lediglich zehn Minuten, um den Sandhaufen abzutragen. Ich blieb bei meiner Meinung, dass dieses Verhalten nicht zu tolerieren sei. Sie hätten fortan dafür zu sorgen, dass die Zufahrt zu jeder Garage zu jeder Zeit frei bleiben müsse. Eine Selbstverständlichkeit! Der Nachbar war zufriedengestellt.

Als das Gebäude fertig war, kamen etwa 200 Personen, um es einzuweihen. Von den Nachbarn keine Spur. Dafür bekamen sie ein anderes Problem mit uns.

Einer von ihnen beklagte sich ständig, dass Besucher unseres neuen Gemeindezentrums beim Ausfahren mit dem Wagen ihr Grundstück befahren würden. Die Abgase seien krebserregend. Diese Klage schien uns doch sehr überzogen. Alle Versuche, die Gemeindeglieder dazu zu bewegen, das Nachbargrundstück zu meiden, schlugen dann auch fehl, und das war mehr als verständlich. Der Nachbar scheute sich nicht, eine eiserne Schranke zwischen den beiden Grundstücken bauen zu lassen.

Die Kindergruppe okkupierte gleich nach Bauende einen großen Raum für sich. Das war durchaus in unserem Sinn. Die Zukunft der Gemeinde liegt in der Arbeit mit Kindern. Wenn das Wetter es erlaubte, spielten sie draußen, natürlich immer unter Aufsicht. Wo Kinder spielen, geht es nicht ohne Kinderlärm ab. Die Leiterin der Kindergruppe beschwerte sich bei mir über einen dieser Nachbarn. Er komme öfters auf das Grundstück und verbiete das fröhliche Treiben – natürlich vergeblich. Ich stellte den Mann. Er war Berufsschullehrer. Ich sagte, wenn er Beschwerden hätte, sollte er sich doch an mich wenden und nicht an meine Mitarbeiterinnen und Mitarbeiter. Das sah er gerade noch ein. Aber als ich auf seine Verbote die Kindergruppe betreffend zu sprechen kam, wurde er störrisch. Der Lärm sei doch nicht auszuhalten und müsse deshalb eingeschränkt werden. Ich sagte, die Gruppe treffe sich doch nur an einem späten Montagnachmittag, und sie sei auch nicht jedes Mal draußen. „Sie sind doch Lehrer, Sie müssten es doch begrüßen, wenn jemand mit Kindern arbeitet und ihnen soziales Verhalten mit auf den Weg gibt!" Er antwortete: „Ja, sicher, aber doch nicht bei uns!" Der Kinderlärm ging trotzdem weiter, die Beschwerden blieben aber von nun an aus.

Der Pastor und zwei Wohnungen

Die Wohnung war viel zu klein. Meine Frau und ich hätten schon reingepasst, aber für meine Bibliothek und mein Büro fehlte sehr viel Platz. Aber es gab einen Ausweg. Der Besitzer des Hauses bot uns ein Zimmer an, das auf derselben Etage, aber durch eine Wand getrennt lag, erreichbar nur durch die Tür zur Wohnung des Vermieters. Es war ein Zweifamilienhaus, bewohnt von einem Schuster, der dort auch seine Werkstatt hatte. So jovial er sich anfangs gab, so streng war er in der Folgezeit. Er gestatte uns nicht, den Dachboden zu nutzen, er verbat sich mein Klavierspiel, er hatte ständig an uns herumzumäkeln. Damit nicht genug, verschaffte er sich unangemeldet Zutritt zu unserer Etage, indem er dort irgendein technisches Gerät in einem Wandverschlag, ähnlich einem Sicherungskasten, zu bedienen vorgab. Er hatte auch keinerlei Skrupel, seinen Müll in unserer Mülltonne zu deponieren. Seine Frau scheute sich nicht, ziemlich leicht bekleidet vor unserem Eingang zu sitzen, Kartoffeln zu schälen und sich zu sonnen. Der Gipfel war erreicht, als ein Gemeindeglied uns einen Eimer mit Äpfeln bringen wollte. Er wurde nicht vorgelassen und musste unverrichteter Dinge wieder abziehen.

So geduldig ich die Eskapaden meines Vermieters bis dahin ertragen hatte, jetzt war das Maß voll und ich suchte eine neue Wohnung. Der Sohn des Mannes, der mit seinen Äpfeln wieder abziehen musste, besorgte uns eine Traumwohnung. Sie lag parterre in einem Neubau, in der oberen Etage wohnte ein Polizist. Mit ihm vereinbarte ich: Ich höre nichts von Ihnen und Sie hören nichts von mir. Das war ein weises Abkommen. Manchmal hatte ich dennoch meine Probleme damit, besonders wenn er am Sonntagmittag unseren wohlverdienten Mittagsschlaf mit lautem Bassgedröhne von irgendeiner Popmusik störte. Dafür vernahm ich keinerlei Kritik, als in meiner Wohnung ein Duo ziemlich laut musizierte; es war eine Geigerin und ein Pianist, die ganz erheblichen Krach machten. Allerdings sah ich mich veranlasst, unseren Nachbarn die Lautstärke, die aus unserer Wohnung drang, zu erklären. Über ein

„Ach so!" ging ihr Kommentar nicht hinaus. Der Pianist war mein Freund Georg Hesse, von dem noch die Rede sein wird.

Schon einige Tage roch es merkwürdig faulig im Hauseingang. Ich beschloss, dem nachzugehen und begab mich in den Keller. Ich fand neben der Gefriertruhe irgendein grünes halbverfaultes Gemüse und dachte, ich hätte damit das Problem gelöst. Aber es hörte nicht auf zu stinken. Ich musste der Sache sorgfältiger nachgehen. Also bin ich wieder in den Keller gegangen, sozusagen meiner Nase nach. Neben der Tiefkühltruhe fand ich den Übeltäter. Ein Stück Fleisch war aus der Tiefkühltruhe gefallen. Auf ihm kringelten sich weiße Maden. Es war so ekelhaft, dass mir schlecht wurde. Ich rief meine Frau und bat sie, mir einen Schnaps zu holen. Als sie wieder da war, hatte ich das Fleisch schon in die Mülltonne geworfen. Es hörte auf zu stinken.

Ein paar Jahre später wurde ich versetzt und musste die Wohnung verlassen. Einige Wochen später erhielten wir eine Rechnung. Die Renovierung kostete 1500 Mark. Wir hatten die Tapeten zum Teil verschimmeln lassen, natürlich ohne, dass wir es gewollt hätten. Der Eigentümer wollte uns gar verklagen; aber wir konnten einen Vergleich erreichen, nach dem wir nur die Hälfte des Betrages übernehmen mussten. Davon übernahm wiederum die Kirchenleitung die Hälfte, so dass wir mit einem relativ kleinen Betrag aus der Nummer herauskamen.

Der Pastor und das Kinderheim

Ich erwartete ein klinikartiges Gebäude, steril, mit einem langen Gang und weißen Türen. Das, was ich antraf, hätte unterschiedlicher nicht sein können. Ich trat in eine Wohnstube mit zahlreichen grünen Pflanzen und alten, behaglichen Möbeln. Inmitten dieser anheimelnden Pracht saß eine Frau in mittlerem Alter. Sie machte einen fast altertümlich sympathischen Eindruck. Auf ihrem Schoß saß ein Kind von vielleicht fünf Jahren.

Ich war hier, weil meine Ausbildung ein Sozialpraktikum von mir forderte. Ich hatte mich beim Kinderschutzbund beworben und von dort wurde ich an dieses Kinderheim verwiesen. Ich erlebte dort Wochen in seltener Intensität. Die Heimleiterin schien mir mehr eine Mutter zu sein. Sie wollte den Kindern von null bis 18 Jahren ein Zuhause geben, in dem sie sich wohlfühlen und entwickeln konnten. Ihr Verständnis für die Kinder schien nahezu unendlich zu sein. Das hieß jedoch nicht, dass sie ihnen alles durchgehen ließ. Aber sie erfasste jedes Kind in seiner Individualität und förderte es durch Zuwendung, ja, durch Liebe.

Dass ich daran teilhaben durfte, bewegt und bestimmt mich noch heute.

Drei erwachsene eigene Kinder lebten mit den angenommenen Kindern im Heim, zwei Töchter und ein Sohn, alle hochbegabt. Die Ältere war recht kritisch, dass nun ausgerechnet ein Theologiestudent auftauchte und sprach von mir nur als Hochwürden. Nach ein paar Wochen nannte sie mich Merkwürden, und am Ende war ich Liebwürden.

Eines Tages erzählte die Mutter, dass sie unter Schlafstörungen während einer der drei Schwangerschaften gelitten hatte. Der Arzt habe ihr ein Schlafmittel verschrieben. Die werdende Mutter war jedoch misstrauisch und warf die Tabletten ins Klo. Es war Contergan.

Mein Aufgabenfeld war vielfältig und richtete sich nach dem gerade Notwendigen. Darunter waren Gespräche mit den Eltern der Kinder. Ein Kind litt unter schrecklichen Feuerphantasien. Der Vater fuhr in einem Mercedes vor, damals noch ein Zeichen von Reichtum. Er beichtete, er habe sich vor lauter Geschäftssinn wohl viel zu wenig um seinen Sohn gekümmert. Dann brach er weinend zusammen. Ich war erschüttert. Den Jungen konnten wir nicht halten. Er neigte zu sehr dazu, seine Phantasien in die Tat umzusetzen.

Eine Krise trat ein. Zu den Kindern des Heimes gehörte ein kleines Mädchen, vielleicht drei Jahre alt. Die Heimmutter hatte es besonders ins Herz geschlossen. Sie trug es oft auf dem Arm und liebkoste es hingebungsvoll. Sie nannte sie Emmi. Aber das Glück währte nicht lange. Die Mutter meldete sich und beanspruchte das Kind für sich. Die Heimmutter wollte es ihr nicht geben. Es kam zum Prozess, Emmi wurde ihrer leiblichen Mutter zugesprochen. Aber die Heimmutter weigerte sich, sie herzugeben, weil sie die Mutter für ungeeignet hielt, das Kind zu erziehen. Am Ende kam der Richter persönlich, um die Übergabe zu vollziehen. Es gab kein Entrinnen. Eine Mitarbeiterin erbot sich, das Kind auf seiner Reise zur Mutter zu begleiten. Der Richter stimmte zu, meinte aber den Verdacht äußern zu müssen, die junge Frau wolle ja nur den Waldbrand sehen, der dort kurz vorher gewütet hatte.

Es dauerte Wochen, bis die Heimmutter den Verlust von Emmi verkraftet hatte.

Er war Legastheniker und dazu noch außerordentlich störrisch. Mit sich und der Welt war er zerstritten. Er war auf der Suche nach sich selbst und konnte sich nicht finden. Seine Eltern wurden nicht mehr mit ihm fertig, und so kam er in unser Kinderheim. Er mag etwa 17 Jahre alt gewesen sein. Bei ihm konnte man erleben, wie ein einziges Gespräch einen Menschen verändern kann. An einem Morgen kamen er und die Heimmutter übernächtigt in den Wohnraum. Der junge Mann hatte sich eine ganze Nacht mit der Heimmutter ausgesprochen oder vielmehr ausgekotzt. In seinem nächsten Schulaufsatz hatte er gerade noch zwei Fehler. Störrisch war er nur noch selten.

Wie so oft waren hier auch die Eltern die Ursache für die Schwäche des Jungen. Ein allesbestimmender, herrschsüchtiger Vater und eine unterdrückte, unglückliche Mutter hatten das Ihre für den Zustand ihres Jungen beigetragen. Hier musste die Therapie anfangen. Die Eltern liebten ihren Sohn und zeigten sich bereit, eine Beratung anzunehmen. An mehreren Abenden saßen wir zusammen, manchmal zu viert, manchmal die Heimmutter mit der Mutter und ich mit dem Vater. In fast endlosen Gesprächen gelang es, dass die Eltern einsahen, wie sie durch ihr Verhalten die Entwicklung ihres Sohnes beeinträchtigt und auch ihre Ehe belastet hatten.

Der Sohn suchte mich später an meinem Ausbildungsort auf. Er brauchte noch Beratung und Zuwendung. Ob ich ihm beides geben konnte, weiß ich nicht.

Zerschlagen und bedrückt kam die Heimmutter nach Hause. Der Arzt hatte ihr eröffnet, dass sie möglicherweise an Krebs erkrankt sei und für weitere Untersuchungen dringend ins Krankenhaus müsse. Die Stellvertretung wurde mir übertragen, und ich bemühte mich, alle Entscheidungen unter Beteiligung aller zu treffen. Die größte Sorge aber war das Ergehen der Heimmutter. Ich besuchte sie täglich im Krankenhaus. Dann kam das Ende der Woche, ein Samstag. An diesem Tag sollte das Ergebnis der Untersuchungen bekanntgegeben werden. Ich sehe mich noch heute, wie ich mit der Heimmutter im Gang des Krankenhauses auf und ab gehe, hoffend das Beste, fürchtend das Schlimmste. Endlich, nach langen Stunden, teilte uns ein Arzt mit, die Untersuchungen seien negativ – nach einem kurzen Schreck wurde uns klar, dass das bedeutete, es läge kein Befund vor und die Heimmutter sei bei bester Gesundheit. Wir waren allerdings ziemlich befremdet, dass diese gute Nachricht einen ganzen Vormittag hatte auf sich warten lassen. Das hatte unnötigerweise an unseren Nerven gezerrt.

Ich arbeitete in den Semesterferien weiterhin ehrenamtlich in meinem Kinderheim. Der Höhepunkt war wohl erreicht, als ich eine Zeltfreizeit mit den Kindern und der Heimmutter organisierte. Es waren etwa 20 Kinder, die mit mir in ein Seitental der Schwäbischen Alb zogen. Neben vielen Erlebnissen sind mir vor allem zwei in Erinnerung geblieben. Mit den Kindern und den Mitarbeiterinnen und Mitarbeitern durchstreiften wir die Wälder rund um Reutlingen. Auf einer Wanderung wurden die Kinder hungrig. Ich wusste, dass es in der Nähe eine Imbissbude gab. Wir strömten dorthin und ich fragte die Inhaberin: „Können Sie mir in kürzester Zeit 25 Portionen Pommes frites hinstellen?" Sie war perplex und stammelte immer wieder mit schönstem osteuropäischem Akzent: „So ein großer Papa, nein, so ein großer Papa!" Schnell schenkte sie mir zur Stärkung einen Obstler ein. Die

Portionen Pommes, die sie uns nach kurzer Zeit vorsetzte, waren zwar nicht besonders groß, aber für die Kinder reichten sie.

Auf der Zeltfreizeit begleitete uns Mo. Er war aus seinem afrikanischen Herkunftsland geflüchtet und suchte Asyl bei uns. Auf verschlungenen Wegen hatte er zum Kinderheim gefunden und wurde dort mit Achtung, Würde und Fürsorge behandelt. Er hatte ein leichtes Alkoholproblem, so dass er mit alkoholischen Getränken vorsichtig sein musste und sie am besten ganz vermied. An einem Abend besuchten wir ein Restaurant an einem Berghang. Man hatte von dort aus einen prächtigen Ausblick auf Reutlingen und die Alb. Man sah die Lichter der Stadt, sah die Sterne und als Schatten die Berge. Da fing Mo plötzlich an zu weinen. Der Ort erinnerte ihn an seine Heimat, die er hatte verlassen müssen. Mit seiner Enthaltsamkeit schien es nun vorbei zu sein. Er wollte unbedingt Bier trinken und sein Heimweh darin ertränken. Das hätte dramatische Folgen haben können. Ich nahm die Kellnerin ein wenig beiseite und fragte, ob sie nicht etwa alkoholfreies Bier führten. Zu der damaligen Zeit war das noch keine Selbstverständlichkeit. Aber sie hatten es. Ich bestellte für Mo ein Glas alkoholfreies Bier. Als es nicht sogleich serviert wurde, dachte ich, die Bestellung sei vergessen worden und erneuerte sie bei einer Kollegin. Die Folge davon war, dass vor Mo plötzlich zwei Gläser Bier standen. Er war überrascht und glücklich. Dass es alkoholfreies Bier war, merkte er nicht.

Auch zu Weihnachten besuchte ich mein Kinderheim. Da erfuhr ich die Kraft, die von einer Geschichte ausgehen kann. Auf meinem Schoß saß Max, ein Junge von etwa zehn Jahren, ansonsten ein Tunichtgut, manchmal boshaft, widerspenstig bis an die Grenzen des Erträglichen. Aber nun saß er auf meinem Schoß und lauschte der Geschichte, die ich vorlas. Es war der „Tanz des Räubers Horrificus" von Karl Heinrich Waggerl. Es handelt sich um die Begegnung des Räubers mit Maria und dem Kind. Nachdem Maria den Räuber durch ihre Sanftmut und ihre Menschenkenntnis gebändigt hatte und er seinen weichen Kern entdeckte, tanzte er vor dem Kind seinen

Räubertanz, um ihm eine Freude zu machen. Das gelingt, und aus dem Räuber wird ein Heiliger. Die letzten Worte der Geschichte lauten: „Wenn aber einer von euch etwas zu verbergen hätte und nur sein Herz wäre weich geblieben, so mag er getrost sein. Gott wird ihm dereinst verzeihen um des Kindes willen, wie dem großen Räuber Horrificus." Max drehte sich um und schaute mir ins Gesicht. „Dann muss ich auch kein Räuber bleiben?" Ich versicherte ihm, dass er das wirklich nicht müsse. Er sagte: „Dann will ich es auch nicht mehr!" Er blieb ein Lausbub, aber von diesem Zeitpunkt an war er verändert. Die Widerspenstigkeit und das Boshafte seines Tuns waren verschwunden, und das auf Dauer.

Bei einigen Kindern entstand der Wunsch, sich taufen zu lassen. Sie rechneten fest damit, dass ich die Taufe abhalten würde. So geschah es auch. In einer stimmungsvollen Zeremonie taufte ich drei Kinder. Irgendjemand teilte dies dem Pfarrer dieser Parochie mit. Der war alles andere als begeistert und beschrieb mir am Telefon die Probleme, die diese Taufe kirchenrechtlich hätte. Ich hörte mir seine Klagen eine Weile an. Dann beschloss ich, den Spieß herumzudrehen und sagte, ich sei doch sehr betroffen, dass er eine so erfreuliche Tatsache wie die Taufe von drei Kindern und ihr Bekenntnis zum christlichen Glauben nur kirchenrechtlich bewerten könne. Daraufhin schwieg er still. Die Kinder gehörten keiner Kirche an. Aber sie waren getauft und standen unter dem Zuspruch Gottes. Das ist das Entscheidende.

Der Pastor und die Fanta

Während meines Studiums lernte ich einen schweizerischen Mitstudenten kennen. Er hatte es faustdick hinter den Ohren. Einmal sagte er, ich solle, käme ich in die Schweiz, mal Fanta bestellen, diese süße Brause. Ich bekäme dann Wein. Des Rätsels Lösung war: In der Schweiz heißt eine beliebte Sorte Fendant. Wenn man es französisch ausspricht, etwas nuschelt und wie in der Schweiz üblich, die erste Silbe betont, klingt es tatsächlich wie Fanta.

Mit dem Chor meiner Gemeinde machte ich eine Gruppenreise in die Schweiz. Auf der Hinreise legten wir eine Pause in einem Schweizer Biergarten ein. Da beschloss ich, hier die Probe aufs Exempel zu machen. Die Bedienung kam zuerst zu mir und ich bestellte meine Fanta. Mit gegenüber saß ein pensionierter Polizist, ein Trumm von einem Mann, seines Zeichens Basstubabläser. Er bemerkte: „Unser Pastor ist natürlich enthaltsam!" Er bestellte Mineralwasser. Fanta mochte keiner mehr. Sie bestellten Kaffee, Tee, Apfelschorle, was man so trinkt, wenn man den Alkohol meiden will. Nach einer Weile kam die Bedienung zurück und stellte eine halbe Flasche Fendant vor mich hin. Niemand bemerkte zunächst meinen Wein. Doch plötzlich machte der Basstubabläser große Augen und polterte: „Was haben Sie denn für eine Fanta?" Ich antwortete: „Wussten Sie das nicht? In der Schweiz ist Fanta Wein." Er replizierte: „So eine Fanta will ich auch haben!" Die Bedienung wurde gerufen, alle nichtalkoholischen Getränke wurden in großer Eile abserviert, nur die Cola des zwölf-jährigen Jungen führte noch ein einsames Dasein auf dem Tisch, und im Nu waren die wirklichen Wünsche meiner Leute erfüllt. Die meisten bestellten ihr heißbegehrtes Bier. Sie hatten es vorher nicht gewagt, gegenüber dem jugendlichen Pastor ihre wahren Bedürfnisse zu äußern.

Ein Bäckermeister sah das anders. Als er einen beruflichen Erfolg feierte, entkorkte er eine Flasche Sekt. Nachdem er seiner Frau zugeprostet hatte, schaute er zufällig aus dem Fenster. Der Wagen des Pastors stand vor dem Haus. Der Abstinenzler brauchte von dem alkoholischen Genuss seiner Gemeindeglieder nun wahrlich nichts zu wissen. Die Gläser verschwanden vom Tisch, die Flasche wurde geschwind mit dem Plastikkorken verschlossen und hinter das Sofa gestellt. Man redete über dies und über das, bis es plötzlich einen Knall gab. Der Besucher wusste nicht, um was es sich dabei handelte, und die beiden anderen wollten ihr Geheimnis nicht preisgeben. Der Bäckermeister begab sich sogar auf den

Balkon, um nachzuschauen, was da geknallt hatte, obwohl er wusste, dass es der Sektkorken gewesen war. Natürlich konnte er draußen nichts finden und beruhigt setzten die drei ihr Gespräch fort.

Die Konferenz ist bei den Methodisten mit der Synode in den Landeskirchen zu vergleichen. Es sind anstrengende Tage, in denen Weg und Wirken der Kirche festgelegt werden. Um Kosten zu sparen, werden die Mitglieder an private Adressen vermittelt, meistens bei Mitgliedern der Kirche. So war es auch bei dieser Konferenz in Bremen-Vegesack. Ich wurde einer methodistischen Familie zugewiesen. Sie bewirtschaftete einige Kilometer abseits einen Bauernhof. Diese Konferenz war ungewöhnlich anstrengend, weil viele kontroverse Meinungen unter einen Hut zu bringen waren. So kam ich an einem Abend völlig erledigt in mein Quartier, zusammen mit zwei, drei anderen Mitgliedern der Konferenz. Wir saßen noch mit der Familie zusammen. Der Gastgeber fragte, ob wir noch etwas zu trinken haben wollten. Ja, das wollte ich, ob ich wohl ein Glas Bier haben könne. Ich hoffte, damit besser abspannen zu können nach dem arbeitsreichen Tag. Die Miene des Gastgebers zeigte Abwehr. Ein Pastor, und dann Bier? Wie geht das zusammen? Schließlich aber brachte er mir doch eine Flasche mit lauwarmem Bier, die ich mit wenig Genuss leerte. Am anderen Morgen erzählte ich einem Mitglied der Konferenz von diesem Vorfall. Er war erstaunt und entrüstet. Mein Gastgeber war in seiner Gemeinde als Biertrinker bekannt. Als dieser uns dann auch noch am letzten Tag mit unserem schweren Gepäck kilometerweit den Weg bis zur Weserfähre den Weg zu Fuß machen ließ, stand mein Entschluss fest: Nie wieder ein Privatquartier! Lieber das Geld für einen Hotelaufenthalt zusammensparen.

Wir besuchten gelegentlich auch mal ein Weingut. Oft verbrachten wir dort Stunden, weil uns die Winzer unbedingt für ihre Weine begeistern wollten – sie waren selber davon begeistert. So saßen wir denn mit einem bedeutenden Winzer zusammen. Er war viel jünger, als ich erwartet hatte. Ja, der Vater habe wohl zu tief ins Weinglas geschaut, er sei nicht mehr recht zurechnungsfähig. Die Weine waren wie erwartet großartig. Gegen Ende der Probe kam dann auch der Vater hinzu. Er hatte eine Plastiktüte in der Hand und sagte: „Gucken Sie mal, ich habe mir eine neue Hose gekauft!" Ich ließ mich darauf ein und sagte: „War sie denn teuer?" Er antwortete mit breitem Grinsen: „Nein, ganz billig, in (er nannte den Namen einer nahegelegenen Kleinstadt)." Ich darauf: „Oh, dann will ich auch so eine neue Hose kaufen. Wo ist denn das Geschäft?" Er: „Ist nutzlos. Es war die letzte Hose!" Und er lachte. Als wir uns weiter unterhielten, kamen wir darauf, dass ich Pastor und Theologe bin. Das nahm er auch ganz freundlich auf. Als ich dann aber preisgab, Pastor einer Freikirche zu sein, war er irritiert. „Der Herr Jesus", sagte er, „hat doch zu Petrus gesagt: Auf diesen Stein will ich meine Kirche bauen! Ein Stein! Warum dann so viele Kirchen?" Ich hatte einen blitzartigen Einfall. Ich erklärte: „Sehen Sie, zwölf Jünger, zwölf Steine, zwölf Kirchen!" Er war verdutzt. Noch als wir das Weingut verließen, hörten wir, wie er hinter unserem Rücken andächtig deklamierte: „Zwölf Jünger, zwölf Steine, zwölf Kirchen!"

Der Pastor und seine Freunde

Indem ich über meine Freunde schreibe, wird mir bewusst, wie sehr ich in einem Netzwerk lebe. Viele meiner Freunde kennen sich gegenseitig, einige Freunde habe ich durch andere Freunde kennengelernt. Es bleibt nicht aus, dass ich hier und da von jemandem erzähle, der bei einem anderen Freund wieder auftaucht. Das ist der Reichtum der Beziehungen, die ich in meinem Netzwerk erfahren durfte.

Die meisten Namen sind real. Eine Ausnahme gibt es, die ich auch kenntlich mache.

Ein anderes Problem ist die Reihenfolge. Man könnte schließen, dass ich den, den ich als letzten nenne, am wenigsten schätze. Es könnte sogar sein, dass jemand traurig wird, weil ich ihn an so später Stelle nenne. Eine Reihenfolge muss zwar sein, ohne die geht es nicht. Hier aber ist die Reihenfolge kein Gradmesser für die Wertigkeit der Freundschaft. Zu jedem meiner Freunde habe ich oder hatte ich eine besondere Beziehung, die mit anderen nicht zu vergleichen ist.

Siegfried

Hier nenne ich den richtigen Namen. Denn dies ist ein Epitaph auf einen großen, liebenswürdigen Menschen, einen wunderbaren Freund, dessen man nicht genug gedenken kann.

Ich lernte ihn kennen, als er dem Bezirk, in dem ich arbeitete, als Zivildienstleistender zugewiesen wurde. Der leitende Pastor, mein Vorgesetzter, hatte mir schon erzählt, dass da einer aus meiner Heimat Ostfriesland komme. Ich solle mich doch etwas um ihn kümmern. Nichts lieber als das! Am Tag seiner Ankunft schaute ich Immer wieder durchs Fenster auf die Straße, ob sich etwa ein unbekanntes Fahrzeug darauf bewegte. Ein hellblauer VW scherte sich in eine Parklücke ein und ihm entstieg ein junger Mann. Ich wusste: Das muss er sein! Ich beugte mich durchs Fenster und rief: „Siggi! Hierher!" Natürlich auf ostfriesisch Platt. Wenige Augenblicke später stand er vor mir: Lange blonde Haare, seit zwei Wochen unrasiert, blaue Alltagsklamotten. So sollte ich ihn seine ganze Zeit auf unserem Bezirk erleben. Ich sagte: „Nach so einer langen Fahrt hast du sicher Durst auf ein Bier! Lass uns in die Kneipe gehen und ein Bier trinken. Ich lade dich ein!" Die Kneipe war ein kleines Lokal gegenüber meiner Haustür und wurde, welch ein wunderbarer Zufall, von ostfriesischen Eheleuten geführt, die auch noch Hans und Grete hießen.

Damit begann eine tiefe Freundschaft, wie sie intensiver kaum gedacht werden kann. Er wurde sozusagen ein Familienmitglied, der Mann für schier endlose Gespräche in trauter Einigkeit. Er war der Patenonkel meiner Kinder. In dieser Eigenschaft sorgte er für eine frühe Aufklärung, indem er ihnen ein Aufklärungsbuch mitbrachte – nicht ohne einen fragenden Blick in meine Richtung und mein Kopfnicken. Darin wurden die Vorgänge der Zeugung eines Kindes auf kindgemäße Art dargestellt. Das hatte noch ein fröhliches Nachspiel.

Im nahegelegenen Supermarkt gab es eine Kassiererin, die sich jedes Mal, wenn wir dort einkauften, einen Spaß erlaubte. Sie sagte zu unserem kleinen Jungen, vier Jahre alt, dass er ihr sein kleines Schwesterchen verkaufen möge. Eines Tages war es dem Jungen zu viel. Er sagte ziemlich aufgebracht und laut: „Du kriegst meine Schwester nicht! Wenn du ein Baby haben willst, musst du mit einem Mann schlafen!" Eine gewisse Stille breitete sich aus, dann sah man ein allgemeines Schmunzeln.

Siegfrieds Abschiedsparty geriet laut. In seiner kleinen Einraumwohnung im Parterre eines Altenheimes erschienen mindestens 60 junge Leute. Einige von ihnen kannte er nicht einmal. Natürlich waren meine Frau und ich auch dabei. Ein Gitarrenspieler spielte und sang. Es wurde immer lauter, das Bier tat seine Wirkung, das Fest dauerte bis weit nach Mitternacht. 60 Personen in einem kleinen Raum, da kann es eben nicht leise zugehen. Am nächsten Morgen rief mich die Heimleiterin an, ich solle doch sofort kommen, sie habe etwas mit mir zu besprechen. Ich wusste natürlich, worum es gehen würde. Ich hörte mir die Klagen an. Sie forderte mich auf, dafür zu sorgen, dass so etwas nie wieder vorkommen werde. Ihre Bewohner hätten die halbe Nacht nicht schlafen können! Nach bestem Wissen und mit schlechtem Gewissen sagte ich das zu. Ich dachte ja, der junge Mann werde nicht wiederkehren. Dass ich auch an dem Lärm beteiligt gewesen war, verschwieg ich wohlweislich. Anschließend nahm ich jedem mir bekannten Teilnehmer an dieser Party das eiserne Versprechen ab, niemals auch nur ansatzweise zu erwähnen, dass ich selbst auch zugegen gewesen war.

Siggi ging, die Freundschaft dauerte an. Eines Tages kam er zurück. Er kam nicht mehr als Zivildienstleistender, sondern als Praktikant. Das Praktikum war ein Teil seiner Ausbildung zum Pastor. Er brauchte nach dieser Tätigkeit die Empfehlung der Gemeindeleitung. Ich sagte ihm, wir sollten uns zusammen eine Taktik überlegen, dass diese Zustimmung auch zustande kommen könne. Beinahe brüsk wies er dieses Ansinnen ab. Er meinte es ernst, und sein Auftreten gab ihm recht. Er wurde nach seiner Zeit als Praktikant einstimmig empfohlen.

Siggi ging zurück nach Hamburg, die Freundschaft blieb. Einbezogen wurde auch seine Lebensgefährtin. Nach einer freundschaftlichen Beratung in der ungewollten Schwangerschaft seiner Freundin, die wir beiden zukommen ließen, akzeptierte er gegen die Befürchtungen der zukünftigen Mutter das gemeinsame Kind.

Ich kam von einer Reise zurück. Das Gesicht meiner Frau wirkte äußerst verstört. Ich ahnte, dass etwas Schlimmes passiert sein musste. Sie bat mich, mich zu setzen. Ich bekam Angst. Sie sah es und beruhigte mich: „Mit den Kindern ist nichts." Dann brach es aus ihr heraus: „Siggi ist ermordet worden."

Ich war fassungslos.

Siggi hatte in Hamburg für eine kurze Zeit die Leitung eines Obdachlosenheimes übertragen bekommen. Einer der Bewohner litt an Paranoia. Er glaubte, Siggi würde ihn verfolgen und griff ihn mit einem Messer an. Siggi hatte sein Kind auf dem Arm, als er blutend zusammenbrach.

Ich übernahm die Trauerfeier. Schweren Herzens. Am Abend desselben Tages saß ich mit seinen acht Brüdern, seiner Lebensgefährtin und seiner Mutter zusammen. Unser einziges Thema war Siggi. Wir waren alle derselben Meinung: Siggi hatte in seinen knapp dreißig Lebensjahren mehr erlebt als andere in ihrem langen Leben. Auch Anekdoten um Siggi wurden erzählt und dröhnendes Gelächter kam auf, um gleich wieder in der Trauer versinken. Ich fühlte mich an einen Buchtitel von Harvey Cox erinnert: „Das Gelächter ist der Hoffnung letzte Waffe."

Wir kamen überein, die Tötung Siggis nicht als Mord zu verstehen, sondern als Unfall. Der Täter wurde dann auch in die geschlossene Station eines psychiatrischen Krankenhauses eingewiesen.

Ob aber Mord oder Unfall: Die Wunde ging tief in das Innere und ist bis heute, 35 Jahre danach, nicht wirklich verheilt.

Seine Lebensgefährtin wurde eine liebe Freundin der Familie. Seine Tochter wurde mein Patenkind.

Zwei Tage nach der Beisetzung Ende April machte ich mich auf, Freunde zu besuchen. Es waren drei Brüder, ganz außergewöhnliche Menschen. Von ihnen wird noch die Rede sein. Sie betrieben eine Art private Kneipe, eine erweiterte Baubude, ausgestattet mit den seltsamsten Gegenständen, auch mit Musikinstrumenten. Ganz unvermeidlich war bei meinen Besuchen der Bierkonsum, meistens mit einem Nachbarn zusammen. In der Baubude gab es eine Zapfanlage und eine Theke. Betrunken waren wir nie, da passten wir auf. Wir wollten uns schließlich über viele wichtige Dinge unterhalten! Der Älteste von ihnen, Heinz-August Szubries, von dem noch die Rede sein wird, hatte am ersten Mai Geburtstag. Trotz meiner Trauer wollte ich auch diesen nicht versäumen.

Die anderen Gäste wussten natürlich, dass ich Pastor bin. Besonders einer von ihnen erwies sich als unnachgiebiger Kritiker des christlichen Glaubens. Ob ich wollte oder nicht, ich hatte ihm Paroli zu bieten. Der Nachmittag verging, Dunkelheit brach herein und wir saßen in der Bude. Ich hielt mich voller Trauer krampfhaft an meinem Bierglas fest, als jener Besucher abermals anfing, mich zu löchern – warum ich Pastor geworden sei und so weiter. Mit dem Herzen voller Verzweiflung konnte ich ihm nicht mehr antworten. Ich sagte zu ihm: „Hören Sie, ich will jetzt nicht über meinen Beruf sprechen. Ich habe jetzt Feierabend!" Plötzlich war es ganz still in der Bude. Damit hatte niemand gerechnet. Eine dünne Stimme erklang: „Das finde ich jetzt aber gut!"

Die Erschütterung über Siggis Tod hatte mich unfähig gemacht, über meinen Glauben zu reden, der durch den Tod meines Freundes ohnehin angefochten war.

Siegfried Frerichs war ein liebenswerter, fröhlicher, aufrechter, großer Mensch. Seinesgleichen wird nicht mehr über der Erde wandeln.

Wilfried Szubries

Wie man Verse zum Klingen bringt – das war das Motto Wilfried Szubries', einer der drei Brüder von der Baubude. Ich nenne ihn mit seinem richtigen Namen. Er war Schauspieler, Rezitator und Sprecherzieher an einer Universität. Wenn ich irgendeine Stärke haben sollte beim öffentlichen Sprechen oder Rezitieren – letzteres habe ich sehr gern gemacht –, verdanke ich es ihm. Wir lernten uns kennen, als ich für einen literarisch-musikalischen Abend zwei Gedichte beigesteuert hatte, die, wie alle meine Verse, längst der ruhmlosen Vergangenheit anheimgefallen sind. Aber sie gefielen meinem Freund Matthias Henke, der damals noch auf der Gitarre brillierte. Er suchte Texte anderer Autoren hinzu und entwarf eine Dramaturgie. Die Ausstattung der Bühne wurde von den drei Brüdern erstellt. Alles stimmte gut zusammen, und es wurde ein großer Abend – für mich jedenfalls, der ich mich in meinen literarischen Ambitionen bestätigt sah.

Ich legte meine Gedichte meinem Freund Georg Hesse vor. Er war begeistert und plante gleich einen literarisch-musikalischen Abend, an dem meine Gedichte vorgelesen. Wer die Gedichte rezitieren sollte, war natürlich auf der Stelle klar: es musste Wilfried Szubries sein. Gemeinsam machten wir uns auf den Weg nach Stuttgart. In einer Kirche sollte der Abend stattfinden. Er entging knapp einem Reinfall, weil nur wenige Personen gekommen waren, um sich meine Gedichte anzuhören. Aber unsere Freundschaft wurde auf dieser Reise gefestigt.

Er kam in einen meiner Gottesdienste. Am Ende sagte er, dass ich die Texte zu 70 Prozent ganz gut gelesen hätte, dass es aber noch Möglichkeiten gebe, mich zu professionalisieren. Er wolle mich gern fördern. Ich war davon sehr angetan. In unregelmäßigen Abständen kamen wir zusammen. Ich brachte einen Text mit, den ich schon gesprochen hatte. Ich las ihn vor. Er machte Bemerkungen dazu, machte es vor, wie man es besser machen könnte und übte mit mir, bis ich die richtigen Betonungen gelernt hatte. Das war ein ungeheuer lehrreicher Prozess. Ich lernte nicht nur die richtigen Betonungen und

Pausen, sondern die Texte fingen ganz anders an, mit mir zu reden. Ich verstand sie viel besser. Sie rückten mir näher und eröffneten mir neue Sinnzusammenhänge.

Wilfried Szubries erzählte mir von einem Pfarrer, den er gut kannte. Dieser brauchte für die Lesefassung seiner Bibeltexte ziemlich genau so viel Zeit wie für das Verfassen der Predigt. Das war mir ein Ansporn, es ähnlich zu halten. Am Ende kannte ich die Texte fast auswendig und konnte sie den Zuhörern viel besser nahebringen. Eine Frau aus einer Gemeinde meinte, ich würde ja ausschließlich die moderne Bibelübersetzung „Die gute Nachricht" lesen, man könne alles so gut verstehen. Sie staunte nicht schlecht, als ich ihr eröffnete, dass ich ausschließlich die Übersetzung Martin Luthers benutzte.

Nicht nur biblische Texte lernte ich auf diese Weise ganz neu kennen. Das eigentliche Anliegen Wilfried Szubries' waren die Gedichte. Er untersuchte sie sorgfältig auf Versmaß, Klang und Struktur. Immer wieder teilte er seine Ergebnisse mit mir. Wir redeten fast endlos über Gedichte, um sie uns dann am Ende gegenseitig vorzurezitieren.

Und wenn wir das nicht taten, saßen wir wieder zusammen, oft im Garten vor der Baubude. Ich werde einen Besuch nie vergessen. Über uns blühte und duftete der Flieder, darüber blaute ein leicht bewölkter Himmel. Wir saßen da, jeder hatte sein Bier in der Hand. Da fing es ganz leicht an zu regnen mit schönen, dicken Tropfen, gerade so leicht, dass die meisten Tropfen im Flieder hängenblieben. Durch die Tropfen schien die Sonne. Wir blieben sitzen und redeten weiter miteinander. Das Gefühl von Freundschaft, von Zuneigung, von Freude, das ich damals hatte, ist unbeschreiblich. Ich schwor mir, diesen gefüllten Augenblick nie zu vergessen. Bis heute hat das ja auch geklappt.

Wir fuhren wieder nach Stuttgart. Ich hatte Kontakt zur methodistischen Rundfunkmission, siehe folgendes Kapitel. Ich erzählte dem Leiter von meinem Freund. Er schlug vor, dass er für die Rundfunkmission Gedichte von Paul Gerhardt aufnehmen solle. Das geschah auch. Leider maßte ich mir an, eine Art Regisseur zu spielen. Ich muss meinem Freund ordentlich auf die Nerven gefallen sein. Ich wundere mich immer noch, dass dies nicht das Ende der Freundschaft war. Als wir ein zweites Mal nach Stuttgart fuhren, um eine weitere Sprechfassung der Gedichte aufzunehmen, hielt ich mich wohlweislich zurück.

Es waren Jahrzehnte, die wir uns gegenseitig begleiteten. Ich bedaure noch heute, dass ich mich in einer schwierigen Situation falsch verhalten habe und die Freundschaft daran zerbrach.

Heinz-August Szubries

Er war der Bruder von Wilfried. Wir kennen ihn schon aus dem Absatz über Siegfried Frerichs. Auch ihn nenne ich mit seinem richtigen Namen. Er war von Beruf Klavierstimmer, er hat mein Klavier oft gestimmt, und er war natürlich sehr musikalisch. In der Baubude begrüßte er immer wieder Musiker, Laien und Profis. Das war interessant genug, um oft als Gast dort aufzutauchen. Heinz-August hatte ein Faible für kleine Kinder. Meine Beiden liebten ihn heiß. Auch als sie keine kleinen Kinder mehr waren, brachen sie stets in Jubel aus, wenn es hieß: Wir fahren zu Heinz-August. Bis weit in ihr Erwachsenenleben hinein war der Einfluss dieser Besuche spürbar und ist es heute noch.

Heinz-August war ein politisch außerordentlich wacher und kritischer Mensch, begabt mit einem reichen Vokabular und glanzvollen Formulierungen. Er konnte sich über viele Dinge erregen und formulierte das dann im Gespräch. Ihm zuzuhören war oft reines politisches Kabarett, besser als alles, was man im Fernseher zurzeit präsentiert bekommt.

Höhepunkte waren seine Geburtstage am Ersten Mai. Die Bude war voll. Immer wurde dabei musiziert; das Klavier stand praktisch nicht still. So war es auch an jenem Abend, als der Akkordeonspieler auftrat. Er hatte eine Wohnung im Hause Szubries gemietet, ohne den Vermieter dabei kennengelernt zu haben. Dessen Frau hatte die Formalitäten erledigt. Nun tauchte er in der Bude auf, das Akkordeon vor der Brust.

Heinz-August schaute ihn an, er schaute Heinz-August an – und beide brachen in Jubel aus. Sie erkannten sich, sie waren Schulfreunde gewesen. Nach langer Zeit trafen sie sich wieder, hier in der Bude. Es gab nun kein Halten mehr. Sie musizierten fast ohne Pause miteinander, nur durch das allfällige Bier unterbrochen. Die Stimmung war voller Jubel und Sentiment bis in die späte Nacht hinein.

Heinz-August erlitt einen schnellen Tod. Nach einem Herzinfarkt kam er in eine Klinik. Es war allen Beteiligten sofort klar, dass dieser widerspenstige Geist kein Gast in einer Klinik sein konnte. Er entließ sich selbst. Tage später machte er mit seiner Frau eine Fahrradtour. Ein zweiter Herzinfarkt riss ihn vom Fahrrad. Seine letzten Worte waren: „Nun ist es auch genug gewesen."

Johannes Vetter

„Wenn es so etwas gibt, muss es auch einen Gott geben!" Johannes Vetter schnupperte an dem Glas mit österreichischem Marillenschnaps und ließ ihn tief in sich ein. Er war offenbar mit den Kernen zusammen vergoren worden und hatte ein unwiderstehliches Bukett. Man roch die Frucht, man roch Marzipan, man roch Bittermandel, und das alles setzte sich im Mund fort. Der Schnaps war von einer Qualität, die ich vorher und nachher nie wieder erlebt habe. Das liegt wohl daran, dass man die Marillen, also Aprikosen, heute nicht mehr mit den Kernen zusammen vergärt, sicherlich aus gesundheitlichen Gründen. Nun, uns schadete der Schnaps in keiner Weise, sondern lieferte dieses Erlebnis, das bis heute nachwirkt.

Johannes Vetter war Atheist und Kommunist. Als ich ihn kennenlernte, kam er aus einem kommunistisch regierten Land zurück, in dem er Entwicklungsdienste geleistet hatte. In der Heimat musste er sich mit verschiedenen Jobs über Wasser halten. Er ist ein begnadeter Organist; in dieser Eigenschaft lernte ich ihn kennen. Ich war gerade auf der Suche nach einem Organisten, weil unsere Organistin die Gemeinde verlassen hatte. Der Orgeldienst wird in unserer Kirche ehrenamtlich geleistet. Gemeindeglieder machten mich auf

Johannes Vetter aufmerksam. Er gab bei uns ein Orgelkonzert und wir kamen ins Gespräch. Nach ein paar Wochen erzählte er, dass er eine Anstellung in einer nahegelegenen Kirche habe. Ich fragte nach dem Honorar. Es war eine bescheidene Summe. Ich überlegte kurz und sagte: „Ich selbst will Sie anstellen. Aber das Honorar wird etwas niedriger sein als in jener Kirche. Es fehlen ein paar Mark, aber dafür haben Sie keine Fahrtkosten! Wenn Sie damit einverstanden sind, stelle ich Sie ein." Er brauchte nicht lange zu überlegen und schlug ein. Meine Aufgabe war es nun, Sponsoren dafür zu finden. Das gelang.

Jedoch gab es Missstimmungen in der Gemeinde des Inhalts: Wie nur kann man einen Kommunisten in einer christlichen Gemeinde die Orgel spielen lassen? Unmöglich! Ich brachte die Kritiker durch das Argument zum Schweigen, man wolle doch stets sogenannte Fremde in den Gottesdiensten haben. Hier sei nun endlich einer, und den wolle man vergraulen? Unmöglich! Ich hatte fortan keinen Predigthörer, der meinen Worten so aufmerksam lauschte wie Johannes Vetter. Wie aufmerksam er tatsächlich war, zeigte sich, als ich ein Zitat falsch wiedergab. Er stellte mich zur Rede.

Das Glas Marillenschnaps war nur eine Station auf dem Weg Johannes Vetters zu einem anderen Bild vom christlichen Glauben. Hinzu kam ein Gespräch, das wir miteinander führten. Im Verlauf dessen sagte ich: „Ein überzeugter Atheist, der weiß, warum er Atheist ist, ist mir lieber als ein lauer Gewohnheitschrist oder ein Frömmler." Diese Aussage überraschte Johannes Vetter und brachte seine Sicht auf das Christentum ins Wanken.

Eines Tages saß Johannes auf meinem Sofa und sagte mit breitem Lächeln: „Ich soll dich grüßen von Moritz Engel" (Name verändert). Ich war überrascht. Woher kannte er Moritz Engel? Er hatte für eine Veranstaltung einen jüdischen Kantor gesucht und war auf Moritz Engel gestoßen. Ich kannte ihn und das kam so:

Ich bin interessiert am Judentum und hatte schon mehrfach darüber gelesen und referiert. Eines Tages kam eine junge Frau aus meiner Gemeinde auf mich zu und sagte: „In unseren Hauskreis kommt ein Rabbi. Hast du Lust zu kommen?" Ich hatte. Ich lernte einen sympathischen jungen Mann kennen, der zwar kein Rabbi war, aber authentisch von seinem Glauben redete. Die Teilnehmer fragten auch nach biblischen Texten. Er legte sie aus. Zu meiner und der Teilnehmer Überraschung trafen seine Auslegungen exakt mit meinen eigenen Erkenntnissen zusammen. Immer wieder musste ich sagen: „Ja, genauso sehe ich es auch!" Ich lud ihn zu mir ein. Er kam, und bald waren wir per du.

Moritz Engel war fortan ein beliebter Sänger jüdischer Synagogalmusik in christlichen Kirchen, vor allem in den Programmen, die von Johannes Vetter gestaltet wurden.

Johannes, Moritz und ich wurden ein Trio. Wir erarbeiteten ein gemeinsames Programm mit christlichen und jüdischen Bildern, Texten und Musik: „Versuch über Trauer". Die Vorbereitungen für einen Abend zum 20. April hingegen, dem Geburtstag Adolf Hitlers, scheiterten.

Johannes hatte schließlich profitablere Stellungen als bei uns. Er wurde nach einem Zwischenspiel in einer evangelischen Kirche in der Nähe Organist in Düsseldorf. Weitere Stationen folgten. Schließlich erhielt er eine Berufung an eine große Kirche mit ausgezeichnetem Ruf in einer Ruhrpott-Großstadt. Ich wohnte damals in Stuttgart, aber ich ließ es mir nicht nehmen, an der Feier zu seiner Einsetzung teilzunehmen. Ich meinte, die Stadt ganz gut zu kennen und die Kirche auch; aber zu meiner Überraschung konnte ich sie nicht finden. Ein Taxi parkte in der Nähe, und ich fragte den Fahrer, wo denn die Kirche sei. Er sagte, er werde mich hinfahren. Das tat er denn auch. Aber als ich ausstieg, merkte ich, dass es nicht die richtige Kirche war. Selbstverständlich hatte der Taxifahrer das gewusst! Aus der Kirche kam eine Frau, die ich nach der Einsetzungsfeier fragte. Sie wusste nach einigem Nachdenken auch Bescheid und nannte mir die Kirche. Aber wie in aller Welt sollte ich nun dorthin kommen, und das eine Viertelstunde vor Beginn? Ratlos ging ich in die Richtung, in der ich die richtige Kirche vermutete. Da kam ich an eine Kneipe, und davor stand ein Taxi. Ich betrat die Kneipe und fragte, wer der Taxifahrer sei. Eine Frau meldete sich. Sie aß noch eben schnell ihr Mettbrötchen zu Ende und fuhr los. Gerade noch rechtzeitig kamen wir an. Die Kirche stand ungefähr 100 Meter entfernt von dem Platz, an dem ich das erste Taxi bestiegen hatte.

Nach der Feier saßen wir noch zusammen. Die Frau von Johannes Vetter erzählte, sie habe mich gesehen, als ich einen Platz in der Kirche suchte. Sie habe sich gesagt: „Guck mal, da kommt jemand, der sieht genauso aus wie Diederich!" Sie hatte aber recht schnell gemerkt, dass ich es tatsächlich selbst war.

Zu einem runden Geburtstag hatte sich seine Frau ein besonderes Geschenk ausgedacht. Sie lud ohne sein Wissen die engsten Freunde ihres Mannes ein, sich in einer Kneipe einzufinden. Ich folgte natürlich dieser Einladung und traf ein paar sympathische Männer – Frauen waren nicht dabei. Nach einer Weile verließen einige, darunter auch ich, die Kneipe, um den damals noch üblichen Nikotinbelästigungen zu entkommen. Da sah ich Johannes Vetter auch schon kommen, mit Frau und Sohn im Schlepptau. Sie hatten ihn unauffällig in die Richtung der Kneipe bugsiert, immer eine Ausrede bei der Hand. Als er uns sah, war die Freude riesengroß. Später sagte er: „Das erste, was ich sah, war die Glatze von Diederich." Wir verbrachten einige wundervolle Stunden miteinander.

Moritz Engel

Moritz Engel, von ihm war schon die Rede, würdigte mich, an der Beschneidung seines Sohnes teilzunehmen. Von weit her kam ein Mohel, ein Beschneider, und vollbrachte das Werk. Mit dabei waren ein christlicher Geschäftspartner meines Freundes, sein Autohändler und ich. Alle drei hatten wir einen Hut auf, um der Pflicht der Juden nach einer Kopfbedeckung nachzukommen. Als der Gottesdienst zu Ende war, sagte der

Mohel: „Besonders hat es mich gefreut, dass wirklich einmal nur Juden zugegen waren."

„Bei *der* Nase? Unbedingt!" Ich wusste, die Männer tuschelten über mich. Das war nicht weiter erstaunlich, saß ich doch als Unbekannter in einer Synagoge. Schließlich kam jemand zu mir und überreichte mir einen Gebetsschal, einen Tallit. Ich nahm ihn ehrfürchtig an. Nach dem Gottesdienst kamen die Männer auf mich zu und fragten mich, zu welcher Gemeinde ich gehöre. Ich antwortete wahrheitsgemäß: „Zu Velbert." Sie wirkten beide erstaunt. Einer sagte: „Ich wusste gar nicht, dass wir in Velbert eine Gemeinde haben" Ich antwortete, es sei eine christliche Gemeinde. Einer von ihnen zog die Augenbrauen hoch: „Ach so! Wir haben uns überlegt, ob Sie wohl Jude wären. Ich habe gesagt: „Bei der Nase? Unbedingt!" Er nahm den Tallit entgegen. Ich versicherte ihnen, dass ich ihn mit großem Respekt getragen hatte. Sie waren damit zufrieden.

Wir, das heißt, meine Familie und ich, machten mit Moritz Engel zusammen Urlaub. Wir waren in einem Weinbaugebiet. Eines Abends hatten wir nichts mehr zu trinken und ich suchte, obwohl es schon neun Uhr war, ein Weingut, das noch geöffnet haben könnte. Ich fand auch eines und kaufte zwei Flasche Grauburgunder. Am nächsten Tag suchte ich es zusammen mit Moritz Engel zu einer Weinprobe auf. Ein Ausspruch von mir wurde zu einem geflügelten Wort, jedenfalls in diesem Urlaub. Als mir der Winzer seinen stark duftenden Muskateller-Schnaps zur Probe einschenkte, sagte ich spontan: „Riecht wie beim Bahnhofsfriseur!"

Wir hatten trotzdem eine langanhaltende Geschäftsbeziehung.

Auf einem Spaziergang fiel der Blick Moritz Engels auf einen Stein. Er hob ihn auf und zeigte ihn mir. Ich sagte etwas erstaunt: „Ich dachte, ihr sollt am Sabbath keine Gegenstände tragen!" Jüdische Gesetze sind menschenfreundlich. Es ist zwar am Sabbat verboten, Gegenstände zu tragen, aber wenn ein Mensch plötzlich erkrankt und eine Tragbahre braucht, ist es natürlich erlaubt. Deshalb lautet das Gesetz dem Sinn nach:

Das Tragen eines Gegenstandes ist dann erlaubt, wenn sich darauf Lebendiges befindet. Moritz Engel drehte den Stein um. Auf der Rückseite befand sich ein dünner grüner Hauch: Moos. „Ist das etwa nichts Lebendiges?" fragte Moritz Engel etwas provokant. Wer sollte dem widersprechen! Er durfte seinen Gegenstand mit dem Lebendigen darauf nach Hause tragen.

Wir wohnten in diesem Urlaub in einer Pension bei einem Bauunternehmer. Wir wurden hinausgeworfen. Die Begründung: Unsere Kinder seien zu laut gewesen. Wir vermuteten jedoch, dass Stammgäste sich angesagt hatten, denen man keine Absage erteilen wollte. Wir fanden eine andere Unterkunft, leider in verschiedenen Häusern. Während dieses Urlaubs wurde ich meine psychischen Magenschmerzen wegen des Rauswurfs nicht los. Aber Moritz Engel hatte ein Gegenmittel, das zumindest ihm half, mit der Situation klarzukommen. Wir stiegen auf einen Berg. Moritz Engel sprach einen jüdischen Fluch aus über das Haus. Meine Frau, die dabeistand, empfand dies als atavistisch, was es ja auch war, sie schauderte und bekam eine langanhaltende Gänsehaut.

Wie man hörte, ging die Pension bald in Konkurs. Moritz Engel führte dies natürlich auf die Verfluchung zurück.

Moritz Engel und Siegfried Deiss

Manchmal entwickeln sich sogar unter Kollegen eine Freundschaft. So ging es mir mit Siegfried Deiss. Ich habe keinen anderen Pastor mit einem so herzerfrischenden Humor erlebt, wie er ihm zu eigen war. Nach seiner Pensionierung kaufte er sich ein Haus in den nördlichen Vogesen. Während unsere Kinder an einem Zeltlager teilnahmen, erlebten wir dort Wochen des Verstehens, der Gastfreundschaft, des Lachens und des Genießens. Gemeinsam saßen wir in der lauen Sommernacht unter einem blühenden Roseneibisch, schauten in den sternenübersäten Himmel und lauschten dem Zirpen der Grillen. Tagsüber machten meine Frau und ich Spaziergänge in den nördlichen Vogesen, ganze Tage lang.

Ich war allein unterwegs und entdeckte einen Kirschbaum. Ich bin ein leidenschaftlicher Liebhaber der Kirsche. Der Grund dafür: Ich hatte eine Operation hinter mir und wurde anschließend mit Haferschleim abgefüttert. Ein Mitpatient erhielt ein halbes Pfund Kirschen geschenkt. Er konnte oder wollte sie nicht selber essen. Ich merkte es und bat ihn, sie mir zu geben. „Ja, wenn du das verträgst? Na dann!" Und ich hatte die Kirschen auf dem Beistelltisch. Ich genoss eine nach der anderen. Bis zum letzten Kern. Noch nie in meinem Leben hatte ich etwas Köstlicheres gegessen als diese Kirschen. Und ich vertrug sie gut. Seitdem ist die Kirsche meine Lieblingsfrucht.

An diesem Kirschbaum, den ich nun bei einem Spaziergang entdeckte, hing noch eine einzige Kirsche. Sie war etwas geschrumpelt, aber das machte sicherlich nichts. Ich pflückte sie und steckte sie in den Mund. Der blieb mir vor Überraschung beinahe offen stehen. Die Kirsche schmeckte phantastisch. Sie reichte in ihrer Qualität mühelos an die Krankenhauskirschen heran und übertraf sie noch. Ich habe nie wieder eine so köstliche Kirsche gegessen. Das Geheimnis war wohl, dass sie am Baum in Gärung übergegangen war und ein wenig Alkohol enthielt.

Ich fragte, ob auch mein Freund Moritz Engel kommen könne. Er konnte und traf bald ein. Wir besuchten selbstverständlich den jüdischen Friedhof. Er war verschlossen. Man konnte das Tor nicht öffnen. Der Schlüssel war verlorengegangen. Ein Bauer war mit der Obhut des Schlüssels betraut worden und hatte ihn an seinen Traktor gehängt. Von dort war er wohl abgerissen. Es blieben uns nur ein paar Blicke von Ferne auf die Grabsteine. Auf dem Rückweg vom jüdischen Friedhof bückte sich mein Freund plötzlich, blickte auf den Boden und hob einen alten verrosteten Schlüssel aus dem Staub. Wir also zurück zum jüdischen Friedhof, den Schlüssel ausprobiert – tatsächlich, er passte. Wir waren bass erstaunt. Ich konnte nur hervorbringen: „Jetzt glaube ich wirklich, dass ihr das auserwählte Volk Gottes seid!"

Bei diesen gemeinsamen Tagen im Haus meines Freundes gab es nur ein Problem: Moritz Engel beachtete die Kaschrut, das heißt, er aß nur Gerichte, die den jüdischen Speisevorschriften genügten. Das engte unseren Speiseplan erheblich ein. Gemüse, Salate, Mehlspeisen, Fisch und Weichkäse. Kein Schweinefleisch, nein, überhaupt kein Fleisch, denn die Tiere waren nicht nach den Regeln der Kaschrut geschlachtet worden. Verhungert sind wir dabei nicht. Aber als Moritz Engel abgefahren war, tat ich einen Ausspruch, über den noch lange gelacht wurde: „Der Jude ist weg. Jetzt wird geschlemmt!"

Auch mit meinem Sohn besuchte ich Siegfried Deiss. Als ich mit ihm durch die Vogesen fuhr, gelangten wir, ohne es geplant zu haben, an die Gedenkstätte Natzweiler-Struthof. Dort steht ein ehemaliges KZ der Nationalsozialisten. Viel zu erklären gab es nicht; mein Sohn wusste, was ein KZ war. Er wurde sehr schweigsam. Die Gedenkstätte hatte ihn erschüttert.

Leider starb Siegfried Deiss plötzlich und unerwartet auf einem Spaziergang in Südtirol.

Ulrich Kilian

Im Foyer meiner Kirche erschien ein kleiner, unglaublich dicker Mann. Er kam mit einer Frau, die einen losen Kontakt zur Gemeinde hatte. Wir kamen ins Gespräch. Er sagte, er habe seinen Frieden mit Gott, aber mit dem Bodenpersonal sei er nicht zurechtgekommen. Ich fragte, woran das gelegen habe. Er erwiderte, er sei Soldat und habe seine Frau in Uniform heiraten wollen. Das sei ihm verwehrt worden und schließlich habe der Standortpfarrer die Trauung vollziehen müssen. Ich überlegte zwei Sekunden: Wäre er zu mir gekommen, hätte ich ihn kirchlich in Uniform getraut? Ich war nun mal kein großer Anhänger des Soldatentums. Aber in diesem Fall, wo es um ein Gemeindeglied ging, hätte ich wohl zugestimmt, allein, um die Frau nicht zu verlieren. Also fragte ich: „Warum sind Sie nicht zu mir gekommen?" Mit dieser Frage begann eine lange und erfüllte Siez-Freundschaft, die erst mit seinem Krebstod endete. Er versäumte keinen

Gottesdienst in unserer Gemeinde. Geholfen hat dabei ein Gespräch zwischen dem emeritierten Pastor, der zu meiner Gemeinde gehörte, und der Ehefrau. Er hatte zu ihr gesagt: „Wenn du willst, dass dein Mann zum Gottesdienst kommt, dann musst du mit ihm kommen." So geschah es auch.

Ulrich Kilian entwickelte sich zu einem engagierten und fähigen Mitarbeiter, der in vielen Bereichen einsatzbereit war. Wohin ich ihn auch stellte, er nahm seine Arbeit ernst und führte sie erfolgreich zu Ende, fast immer bestens gelaunt. Ich sehe ihn vor mir als Griller auf dem Gemeindeausflug nach Schloss Lembeck. Ich sehe ihn inmitten einer Kinderschar, wie er die Luftballons mit Helium füllt. Gab es in der Gemeinde ein Mittagessen, er ließ seine nicht unbeträchtlichen Kochkünste walten. Immer wieder lud er meine Frau und mich mitsamt den Kindern zum Essen ein.

Ich saß an meinem Schreibtisch und hörte Ulrich Kilian in der Küche rumoren. Ich dachte, er könne doch auch volles Mitglied der Kirche werden. Ich stand auf und ging zur Verbindungstür. Ich wollte es ihm nahelegen. Er kam von der anderen Seite. An der Tür begegneten wir uns. Er fragte: „Kann ich nicht bei Ihnen volles Mitglied werden?" Natürlich konnte er. Später vertrat er unsere Gemeinde bei der Konferenz, dem methodistischen Pendant zur landeskirchlichen Synode.

Ulrich Kilian leitete als Oberst das nächstliegende Bundeswehrdepot. Er kam eines Abends in mein Arbeitszimmer und schmunzelte. Er sagte: „Da hat aber jemand ziemliches Glück gehabt." Ich schaute ihn fragend an. „Ja," sagte er, „gestern Abend hat jemand vergessen, das Bundeswehrdepot abzuschließen. Wir mussten alles nachzählen, was in dem Depot enthalten ist, jeden Nagel, jede Schraube. Der dafür Verantwortliche stand mit hängendem Kopf vor mir. Ich setzte schon zu einer gewaltigen Strafpredigt an und wollte dem Soldaten eine Abmahnung in sein Soldbuch schreiben. Aber dann erinnerte ich mich an Ihre Predigt vom Sonntag. Da sagte ich zu ihm: Sie haben großes Glück. Mein Pastor hat am Sonntag über Vergebung gepredigt. Ich vergebe Ihnen. Und nun ab!"

Ulrich Kilian und seine Frau starben kurz hintereinander an Krebs. Er wurde 59 Jahre alt. Ich habe ihm viel zu danken. Die Gemeinde auch.

Alfred Schaar

Alfred Schaar war Pastor in einer mit uns verwandten Freikirche. Außerdem betreibt er eine psychotherapeutische Praxis und wurde als Trauerredner engagiert. Seine kleine Freikirche war nicht in der Lage, ein Gehalt zu zahlen, mit dem man seinen Lebensunterhalt bestreiten kann. Schon bei der ersten Begegnung spürten wir, dass dies der Anfang einer Freundschaft werden könnte. So kam es auch. Die Gemeinden kamen ebenfalls zusammen, hielten gemeinsame Gottesdienste, unterstützten sich gegenseitig bei sozialdiakonischen Maßnahmen. Die Zusammenarbeit mit Alfred Schaar war eine reine Freude.

Doch seine Gemeinde mobbte ihn. Die Kirchenleitung ließ ihn dabei in Stich. Er musste sein Amt aufgeben. Danach suchte ich Alfred Schaar in seiner Praxis auf. Ich bot ihm an, ein Mitglied meiner Kirche zu werden und in ihr als Pastor Dienst zu tun. Er meinte, er wolle es sich überlegen und müsse es mit seiner Frau besprechen. Sie war Pastorin einer internationalen Gemeinde. Nach ein paar Tagen kam er zu mir und nahm mein Angebot an. Ich stimmte mich daraufhin mit der Kirchenleitung ab. Dort war er kein Unbekannter. Es gab kaum Probleme, ihn als Pastor zu übernehmen. Alfred Schaar wurde und ist ein gesuchter Prediger in den methodistischen Gemeinden ringsum. Nach meiner frühzeitigen Pensionierung wegen meiner Krankheit übernahm er kurzfristig meine Stelle.

Alfred Schaar erzählte mir, dass etwa vier Wochen vor dem Gespräch, in dem ich ihn eingeladen hatte zu uns zu kommen, ein ihm unbekannter Mann die psychotherapeutische Praxis betrat. Er stellte sich nicht vor, nannte keinen Namen. Er sagte: „In vier Wochen wird ein grauhaariger Mann zu Ihnen kommen und Ihnen ein Angebot machen. Nehmen Sie es an!" Ohne weitere Erklärungen verschwand er wieder.

Das Rätsel ist nicht gelöst worden. Die Botschaft kam wohl von Gott.

Matthias Henke

Mit ihm schloss ich Freundschaft, als ich noch Student der Musikwissenschaft war. Die Freundschaft hielt viele Jahrzehnte. Immer wieder gab es gegenseitige Besuche und tiefgründige Gespräche über Musik und Philosophie, natürlich auch über Religion. Er war ursprünglich Gitarrist und hatte bei einem führenden Gitarristen Deutschlands gelernt. Später entschied er sich, musikwissenschaftlich zu arbeiten, zu lehren und zu veröffentlichen. Die Liste seiner Veröffentlichungen ist lang.

Ein Besuch ist mir in unauslöschlicher Erinnerung. Wir labten uns an guten Speisen und einem hervorragenden Sekt. Überschattet wurde das Treffen von den Bauchschmerzen meiner kleinen Tochter, drei Jahre alt. Sie war außerordentlich tapfer; aber mir wurde die Sache immer ungeheuerlicher. Als sie dann sehr hohes Fieber bekam, rief ich den Notarzt an. Er kam und untersuchte unsere Tochter, immer im Beisein meines Freundes und seiner Lebensgefährtin. Schließlich beschied er: „Wir wollen keinen Quatsch machen. Das Kind muss ins Krankenhaus." Wenig später stand der Krankenwagen vor unserer Haustür und ich fuhr mit meinem kleinen Schatz ins Krankenhaus. Als ich zurückkam, waren unsere Freunde noch immer da. Ich meinte, mich entschuldigen zu müssen. Aber natürlich hatten sie volles Verständnis für den verdorbenen Abend.

Meine Tochter wurde am nächsten Morgen operiert. Sie hatte eine schwere Blinddarmentzündung. Der Durchbruch hatte kurz bevorgestanden. Wir hatten gut dran getan, sie ins Krankenhaus zu bringen.

Mit Matthias Henke waren wir auch in Österreich, genauer gesagt im Burgenland. In einem späteren Kapitel (Der Pastor im Urlaub) wird über Wiener Musik im Burgenland noch zu reden sein. Hier nun geht es um Volksmusik, aber ganz eigener Art. Wir saßen in einer Weinstube und genossen im Gespräch vertieft unseren Wein. Ein Pärchen betrat den Raum, vielleicht ein Ehepaar in den Vierzigern. Sie fingen einfach an zu singen. Es waren kleine Melodien, mit glasklarem Sopran und leichtem Bariton zweistimmig vorgetragen. Es war ein außergewöhnliches musikalisches Ereignis. Das war Volksmusik in ihrer eigentlichen Gestalt, unverstellt durch Marketing und Kitsch. Wir waren tief ergriffen.

Ingrid Hoppe

„Ich finde mich einfach gut!" erklärte sie und beugte sich zu mir über den Tisch. Ich antwortete: „Ich find mich auch einfach gut!" und beugte mich ebenfalls über den Tisch. Damit begann eine Freundschaft, die bis zu den Tagen fortdauert, an denen ich dies schreibe. Sie ist Opernsängerin im Ruhestand. Als wir uns kennenlernten, war ich zur Aushilfe in einer benachbarten Gemeinde bestellt. Sie gehörte zu meinem Besuchsprogramm. Ihren Kontakt zur Gemeinde verdankte sie ihrer Mutter, die schon Glied der Evangelisch-methodistischen Kirche war, als diese noch Evangelische Gemeinschaft hieß. Ihre künstlerische Ader hatte sie von ihrem Vater. Er malte Schilder für den alljährlichen Karnevalsumzug. Diese Melange war außerordentlich fruchtbar. In der Gemeinde verband sie beides miteinander und versah bisweilen den Lektorendienst, das heißt, sie las Texte aus der Bibel vor. Ich sagte zu ihr: „Wenn du den Predigttext liest, brauche ich nicht mehr zu predigen." Sie erschrak und fragte, was ich damit meinte. Ich sagte: „Du liest den Text so gut, dass er von jedem verstanden wird. Was soll dann noch die Predigt darüber?" Natürlich predigte ich trotzdem darüber. Aber ich sorgte dafür, dass sie ihre Fähigkeit zu Nutzen einiger unserer Gemeinden einsetzen konnte. Ich hatte ja Unterricht in Rezitation bei Wilfried Szubries genommen. Ich fühlte mich deshalb ebenfalls ziemlich sattelfest in dieser Zunft. Wir boten also in den Gemeinden Schulungen für Lektorinnen und Lektoren an, immer vom Freitagabend bis zum Sonntagmittag. Im abschließenden Gottesdienst durften die Lektorinnen und Lektoren zeigen, was sie gelernt hatten. Da diese Schulung auch Atemübungen enthielt, bei denen der Ausbilder eine Hand auf den Bauch des Aspiranten zu legen hatte, brauchte ich beide Geschlechter –

als Mann einer fremden Frau auf den Bauch zu fassen war mir unmöglich. Ingrid Hoppe erwies sich als außerordentlich kompetent.

Begleitet wurde sie stets von Friedrich Schnapp, ihrem Freund und Geliebten, einem Professor für Jura. Er ist ein Mann von vollendeten Umgangsformen und umfangreichem Wissen, das über sein Fach weit hinausreicht. Es war mir klar, dass Ingrid Hoppe ohne diesen Mann nicht mehr leben mochte. Mit der Zeit durfte ich auch ihn zu meinem Freundeskreis zählen. Als Ingrid Hoppe und Friedrich Schnapp heirateten, durfte ich die Trauung vollziehen. Vorher hatte er mir bei einem Glas Bier in seiner Kneipe das Du angeboten. Es war mir eine Ehre. Die Hochzeit fand in einer repräsentativen Kirche statt. Bei der Feier in einem Hotel gab es erlesene Speisen und Getränke; anschließend ging es in die Hotelbar. Wir feierten bis morgens früh um vier. Das war nur möglich, weil Friedrich Schnapp dem Barkeeper immer wieder mal einen Hundertmarkschein in die Brusttasche steckte.

Der einzige Sohn Ingrid Hoppes nahm keine Notiz von der Gemeinde, in der er getauft und eingesegnet worden war. Die wenigen Male, an denen ich ihm begegnete, war er mir nur wenig zugewandt. Er liebt den Hardrock, dem ich gar nichts abgewinnen kann. Über einen „Guten Tag" und ein „Hallo" kamen wir kaum hinaus. Das änderte sich, als er heiraten wollte. Trotz seiner kirchlichen Abstinenz bestand er auf eine Trauung in der Gemeinde. Wer wohl sollte die Trauung vornehmen? Selbstverständlich der Freund seiner Mutter. Nur hatte die Sache einen Haken: Seine Braut war nicht getauft und gehörte keiner Kirche an. Nun, dem war abzuhelfen! Ich erklärte ihr, welche Glaubenssätze mit der Taufe verbunden sind, und sie willigte ein. In der Gemeinde fand sie statt – allerdings ein wenig anders, als sie es sich gedacht hatte. Ich bin kein Freund der „Tröpfeltaufe", in der nur die Finger benetzt werden und mit ihnen die Stirn des Täuflings berührt wird. Bei mir muss das Wasser fließen. So auch hier. Ich schöpfte das Wasser mit der hohlen Hand und es floss in ihr

Haar und befeuchtete ihr Kleid. Sie war genauso so überrascht wie die Taufzeugen auch.

Die Ehe hielt nicht lange. Sie setzte ihren Mann eines Tages vor die Tür. Das wars dann. Von ihrer Taufe hat sie nach meinem Wissen nie wieder Gebrauch gemacht.

Georg Hesse

Er war Organist und schimpfte wie ein Rohrspatz über die Musikwissenschaft. Wir saßen mit seiner und meiner Frau in einem Restaurant. Meine Frau wusste natürlich, dass ich mehrere Semester Musikwissenschaft studiert hatte. Ich sah es ihr an, dass sie gespannt auf meine Erwiderung war. Ich sagte: „Ich bin ja nun einer!" Damit war die Diskussion eröffnet. In ihrem Verlauf zeigte sich, dass wir den Begriff völlig unterschiedlich verstanden. Ging es bei ihm um emotionale Wirkungen, ging es bei mir zum Beispiel um Übertragungen von Tabulaturen und Mensuralnotation in die moderne Notenschrift. Davon hatte er keine Ahnung. Wir wurden gute Freunde.

Die folgenden Erlebnisse haben eine Vorgeschichte, die hier unbedingt erzählt werden muss. Ich hatte meine Liebe zur jiddischen Folklore entdeckt und spielte und sang meinen Gästen immer wieder mal ein Lied vor. Das blieb nicht unentdeckt. Bald sang ich in halbprivaten Veranstaltungen. Ein Student der Musik an der Folkwang Universität der Künste des Landes NRW in Essen erfuhr davon. Eines Tages gab es dort die Order: Das nächste Konzert wird das letzte dieser Einrichtung sein. Die Studenten rumorten natürlich dagegen an und beschlossen, dass das letzte Konzert eben kein Ende nehmen solle. Immer wieder andere Musiker wurden eingeladen, das Konzert fortzusetzen. Der Student bat mich, in das laufende Konzert mit meinen jiddischen Liedern einzusteigen. Der Erfolg war überwältigend. Im Publikum saß auch Johannes Vetter und war begeistert. Er lud mich zur Zusammenarbeit ein. Wir wurden von verschiedenen Gemeinden eingeladen und durften an teils absonderlichen Orten unsere Kunst zum Besten geben. Aber dann zog ich nach Süddeutschland, weil ich den Auftrag erhielt, die Rundfunkarbeit meiner Kirche zu leiten, was in einem Desaster endete, davon später. Das war das Ende unseres Duos. Die Entfernung zwischen unseren Wohnorten war einfach zu groß, um an gedeihliche Proben denken zu können. An seine Stelle trat Georg Hesse. Er übernahm die pianistische Begleitung meiner jiddischen Lieder. Damit bereisten wir die ganze Republik, die DDR miteingeschlossen. 17 Jahre lang musizierten wir miteinander.

Die Verhältnisse in der DDR waren manchmal etwas ungewöhnlich. Der historisch interessanteste Ort, an dem wir auftraten, war die Ägidienkirche in Erfurt. Sie wurde in den Jahren 1321 bis 1325 erbaut und wird jetzt von der Evangelisch-methodistischen Kirche genutzt – es ist das mit weitem Abstand älteste Gebäude dieser Kirche. Wir fühlten uns geehrt durch die Einladung. Es war Winter. Das Gebäude verfügte über eine Sitzheizung. Mehr nicht. Es wurde immer kälter in dem Raum. Zum Schluss agierten wir bei einer Temperatur von sechs Grad Celsius. Damit nicht genug, verließ uns nach einer Weile so nach und nach auch das Publikum. Die Sitzheizung hatte sich automatisch abgeschaltet. Es war die kälteste Atmosphäre, die wir je angetroffen hatten.

An einem anderen Ort hatte man keine zwei Zimmer, um uns unterbringen zu können. Wir sollten gemeinsam in einer Art Rumpelkammer im Dachgeschoss unsere müden Häupter niederlegen. Nun ja, warum nicht, die Betten oder besser gesagt: die Liegen waren weit auseinander. Georg Hesse legte sich nieder und fing im selben Augenblick an zu schnarchen. Er schnarchte laut. Manchmal setzte das Schnarchen für einen Augenblick aus, um dann umso kräftiger wieder zu beginnen. Er litt unter einer Schlafapnoe, ohne es zu wissen. Am Ende hatte ich die ganze Nacht kein Auge zugetan und war am nächsten Tag entsprechend gerädert.

Die anstrengendste Aufführung war an einem Nachmittag in einem Freizeitheim. Während der anderthalb Stunden tobte eine Kinderschar in dem Raum umher, und das durchaus nicht leise. Ich musste dagegen ansingen. Eine Ermahnung an die Eltern blieb folgenlos. Am Ende waren wir völlig entkräftet.

Die längste Nacht meines Lebens verdanke ich dem gemeinsamen Urlaub mit Georg Hesse und seiner Familie in Schweden. Wir bezogen dort ein kleines Ferienhaus am Vätternsee. Eines Abends sah ich, wie die kleine Tochter der Familie eine meiner Zigaretten zerbröselte und die Brösel in den Mund steckte. Ich rief panisch nach Georg Hesse. Er kam auch sogleich und sah, was gerade passierte. Er nahm der Kleinen die zerstörte Zigarette aus der Hand und fischte ein paar Tabakkrümel aus ihrem Mund. Es folgte eine hochnotpeinliche Befragung der Kleinen, ob sie wohl Tabak verschluckt hätte. Sie brach in Tränen aus und verneinte heftig. Ob das stimmte, konnte man nicht mit letzter Sicherheit wissen. Die Eltern waren jedoch ganz wohlgemut; ich aber hatte lähmende Angst, die Kleine könnte sich vergiftet haben. Was, wenn sie am nächsten Morgen tot in ihrem Bettchen läge?! Ich mochte es mir nicht ausdenken, und die Angst ließ mir keine Ruhe. Stunde um Stunde verging, an Schlaf war nicht zu denken. Erst als das Kind am Morgen fröhlich umhersprang, atmete ich erlöst auf. Ich sorgte dafür, dass niemand mehr an meine Zigaretten kam. Mittlerweile rauche ich nicht mehr.

Heinz Förschner

Ich erfuhr bald, dass zu meiner neuen Gemeinde ein Metzgermeister zählte. Da mein Vater ebenfalls Metzger war, suchte ich den aus meiner Gemeinde recht bald in seinem Laden auf. Ich handelte dabei nach einem Prinzip, das ich aus meiner Kindheit kannte: Wenn du willst, dass jemand bei dir kauft, musst du bei ihm kaufen. Ich wollte, dass der Metzger in meine Gemeinde kam und kaufte also bei ihm ein. Ich stellte mich vor und erzählte ihm von meiner Herkunft. Der Metzger rief auch gleich seine Tochter, die in dem Geschäft mitarbeitete. Nach einer Weile sagte er: „Ich bin nun schon so lange bei Ihrer Gemeinde. Sie sind der erste Pastor, der bei mir einkauft!"

Bald lernte ich auch seine Frau und seine andere Tochter kennen. Wir wurden gute Freunde, und es kam zu keinem Fest, an dem wir uns nicht gegenseitig besuchten. Dass ich seine Enkel taufte, war selbstverständlich.

Konrad Rajter

(Name verändert) Beinahe zornbebend stand er vor mir. „Was haben Sie da Schreckliches gesagt! Dass man vor Gott Angst haben muss!" Ich war erschrocken und ratlos. Wann hatte ich gesagt, dass man vor Gott Angst haben müsse? In der Predigt ganz sicher nicht. Da rede ich immer wieder von der Liebe Gottes. In den Liedern? Nein. Es gibt im Gesangbuch kein Lied, das Angst vor Gott gebietet. In den biblischen Texten, die ich vorgelesen hatte? Ich ging sie innerlich noch einmal durch. Angst haben vor Gott? Nicht die Spur. „Doch!" beharrte er. „Ganz am Anfang haben Sie das gesagt!" Da fiel mir der Bibelspruch für die nun beginnende Woche ein, mit dem ich den Gottesdienst eröffnet hatte. Er lautete: „Bei dir ist die Vergebung, dass man dich fürchte." Ich sagte: „Das Wort fürchten bedeutet hier nicht Angst haben, sondern Ehrfurcht empfinden." Er daraufhin: „Ja, das hätten Sie aber auch sagen müssen! Jetzt könnten doch Ihre Gottesdienstbesucher tatsächlich mit Angst vor Gott im Herzen nach Hause gehen!" Ich konnte ihm nicht widersprechen, aber ich schloss das für meine Gottesdienstbesucher kategorisch aus. Sie wussten sich von Gott geliebt.

So begann meine lange schöne Freundschaft mit Konrad Rajter, einem Hochschullehrer, etwa 20 Jahre älter als ich. Eine Frau aus der Gemeinde hatte ihn mitgebracht. Er war gegenüber den theologischen Fragestellungen offen und wissbegierig. Wir vereinbarten einen wöchentlichen Termin, an dem er fragte und zuhörte, aber auch kritische Anmerkungen machte. Sein scharfer Verstand war eine willkommene Schulung für mein Denken, das sich ja daran zu messen hatte. Außerdem verband uns die Liebe zur Musik. Konrad Rajter nahm noch in vorgerücktem Alter Gitarrenunterricht und war nicht schlecht stolz darauf. In regelmäßigen Abständen lud er Freunde ein und spielte ihnen Schallplatten, später CDs vor. Er liebte vor allem die Musik der Klassik und der Romantik. Mit modernen Klängen wusste er nichts anzufangen. Aber auch bei romantischen Komponisten war sein Urteil scharf und an einer Stelle völlig unzutreffend. Er hasste die Musik Robert Schumanns und dekretierte, sie gehöre so verboten wie Hitlers „Mein Kampf". Darüber zerstritten wir uns fast, denn ich liebe die Musik Schumanns. Er mochte auch keine Streichquartette und fand sie „siebensträhnig". Auch hier kam es zu keiner Einigung. Ich aber brauchte Jahre, um unvoreingenommen wieder Streichquartette hören zu können. Zu einem theologischen Dissens kam es, als er erfuhr, dass ich den Tod den letzten Feind des Menschen nannte. Seine Bekehrungsversuche fruchteten nichts, ich bin immer noch dieser Meinung.

Zu meinen Kindern hatte Konrad Rajter einen besonderen Draht. Mein Sohn sagte einmal: „Der Onkel Konrad ist richtig verspielt." Konrad Rajter hörte es und war stolz darauf.

Doch bereitete er uns und unseren Kindern eine Enttäuschung. Er hatte uns in sein neues, weitläufiges Haus eingeladen, um mit ihm Geburtstag zu feiern. Jeder sollte sich in irgendeinen Seemann verkleiden. Ich bastelte mir einen hohen, weißen Hut und kam als Smutje. Damit war ich der Einzige, der sich verkleidet hatte. Der Abend verlief angenehm. Nach dem Abendbrot veranstaltete Konrad Rajter Spiele, die ich aus der Jungschararbeit kannte. Das Vergnügen daran war ziemlich begrenzt. Das ging vorüber und wir saßen zusammen, redeten über Gott und die Welt. Es wurde immer später. Meine Frau und ich waren der Überzeugung, dass wir zum Übernachten eingeladen waren. Entsprechend hatten wir auch unsere Kinder mitgenommen. Aber er machte keine Anläufe, uns etwa unser Zimmer zu zeigen oder wenigstens für die Kinder einen Schlafplatz anzubieten. Enttäuscht begaben wir uns gegen drei Uhr nachts mit unseren Kindern zu unserem Auto und fuhren ernüchtert nach Hause.

Aus unseren Gesprächen gingen drei Bücher hervor, die Konrad Rajter in einem Bezahlverlag veröffentlichte. Ein viertes Buch sollte folgen, doch dazu kam es nicht. Heute bin ich froh darüber. Es sollte sich mit den Beziehungen zwischen germanischer Religion und dem Christentum befassen – es hätte heutzutage leicht sehr missverstanden werden können.

Konrad Rajter hatte die Angewohnheit, sehr lange und umfassend eine Frage zu beantworten, die man ihm stellte. Das führte zu einem Erlebnis, das mir immer noch Vergnügen bereitet. Dazu muss man wissen, dass er stark fehlsichtig war und eine dicke Brille brauchte. Deshalb erlaubte seine Frau keine langen Autofahrten mehr. Wie aber sollte er dann mit seinem Wohnwagen in sein geliebtes Italien kommen können? Sie fragte mich, ob ich wohl fahren wolle und nebenbei zehn Tage in Italien verbringen. Doch, das wollte ich wohl. So fuhr ich mit ihm und seinem Wohnwagen in die Toskana. Er kannte dort einen guten Zeltplatz, auf dem der Wohnwagen stehen durfte. Wir besuchten Florenz und andere Städte in der näheren Umgebung. Besonders sehenswert fand ich Siena. Dort lud er mich zu einem Abendbrot im Freien vor einem Restaurant gegenüber dem Marktplatz von Siena ein. Der Vollmond schien auf das pittoreske Ensemble, das hoffnungslos überteuerte Essen schmeckte, er musste es ja bezahlen. Es hätte ein romantischer Abend werden können, wenn es nicht ungewöhnlich kalt gewesen wäre. Ich zitterte vor Kälte, ließ mir aber nichts anmerken. Er spürte es nicht und genoss die Mahlzeit und den Blick auf die Stadt.

Natürlich debattierten wir über viele Themen. Meistens stellte ich ihm eine Frage und er antwortete. Manchmal stundenlang. An einem Vormittag um halb zehn fragte ich nach irgendeinem Sachverhalt. Er antwortete. Um halb drei war er mit der Antwort fertig. Er hatte nicht bemerkt, dass ich dabei eingeschlafen und zum Glück rechtzeitig wieder erwacht war. Nicht allein seiner Weitschweifigkeit hatte zu meinem Schlaf geführt, sondern ebenso seine etwas knarzende, eintönige Stimme.

Nach dem Desaster in der Rundfunkmission, siehe folgendes Kapitel, bekam ich einen Dienstauftrag in einer Gemeinde. Es war ein völliger Neuanfang. Konrad Rajter nahm ich sozusagen mit. Ich hatte drei Gemeinden zu betreuen. Eine davon war so klein geworden, dass wir an eine Schließung zu denken hatten. Aber kampflos aufgeben wollte ich sie nicht. Ich beriet mich mit Konrad Rajter; er hatte eine Professur für Statistik inne. Wir erstellten einen Plan. Zunächst wollten wir die Gemeinde an die Öffentlichkeit bringen. Dazu veranstalteten wir einen Fotowettbewerb. Zugelassen waren Fotos, die Motive aus dem Stadtteil enthielten. Mit den Einladungen dazu ging ich von Briefkasten zu Briefkasten und warf die Zettel hinein. Nach wenigen Wochen hatten wir eine erkleckliche Anzahl Fotos, so dass wir sie auswählen und bewerten konnten. Das Ergebnis stellten wir in der Kirche aus, die wir zu retten versuchten. Sie war gesteckt voll. Von der politischen Stadtverwaltung kam ein Abgeordneter und hielt eine Rede. Er sagte, nicht ahnend, um was es wirklich ging: „Wenn jemand eine lebendige Gemeinde sucht – hier ist sie!" Die Presse war anwesend und würdigte das Geschehen angemessen. Die Aktion war ein voller Erfolg.

Sodann verfassten wir einen Fragebogen, mit dem wir von Haus zu Haus gingen, sie den Bewohnern präsentierten und ihre Antworten notierten. Wo dies nicht möglich war, steckten wir die Bögen in die Briefkästen mit der Bitte, sie uns ausgefüllt zurückzugeben. Der Erfolg war mäßig. Aus dem ganzen Stadtteil kamen nur etwa 200 Fragebögen zurück. Im Nachhinein wurde mir klar, woran das gelegen hatte. Die Bögen waren viel zu ausführlich. Ich wollte eigentlich nur wissen, welche Bedürfnisse vorhanden waren, die wir hätten befriedigen können. Der Statistiker wollte Alter, Schulabschluss, Beruf und so weiter wissen. Der Fragebogen umfasste vier Seiten. Kein Wunder, dass er nur so wenig Anklang fand. Nun gut, ich erzählte meinen Leuten, dass auch bei Wahlen nur wenige Leute befragt würden, die Ergebnisse aber der Wirklichkeit erstaunlich nahekämen. Das leuchtete zumindest einigen ein. Sie setzten sich an die Computer, um die Antworten einzutragen. Konrad Rajter nahm die Ergebnisse mit, um sie auszuwerten. Als er damit fertig war, wollte er das Ergebnis einem Mitarbeiter senden. Ich bestand darauf, dass er es mir selbst zuschickte. Es war sicherlich für einen Statistiker interessant. Für uns kam nur ein relativ kurzer Absatz in Frage, der ziemlich genau das enthielt, was wir vor der Aktion schon vermutet hatten. Altenarbeit und Jugendarbeit waren gefragt. Die Gemeinde selbst lehnte das Ergebnis ab. Die wenigen Gemeindeglieder sahen sich außerstande, darauf in irgendeiner Weise einzugehen. Sie beschlossen, sich der größeren der beiden verbliebenen Gemeinden anzuschließen.

Unter diesen unerfreulichen Umständen zerbrach unsere Freundschaft. Zwar versuchte ich verschiedentlich, sie wieder-zubeleben. Es war vergeblich.

Onkel Tom

Ich lernte ihn in einem Postamt kennen. Er machte irgend-welche launigen Bemerkungen, die mich veranlassten, mich mit dieser Person näher zu befassen. Ich sprach ihn an und machte mich bekannt. Wir merkten sogleich, dass wir auf einer Linie lagen. Er lud mich ein, und damit begann eine intensive Freundschaft, in die auch meine Kinder einbezogen wurden. Er ließ sich Tom nennen, weil er mit Familiennamen Reimers hieß und sich an Tom dem Reimer orientierte, einer schotti-schen Sagengestalt. Die Themen, über die wir miteinander sprachen, waren nicht auszuschöpfen. Vor allem die Literatur beschäftigte uns. So besuchten wir uns gegenseitig und ver-achten manchen Abend miteinander. Er war schon an die Achtzig und hatte ein bewegte Leben hinter sich. Mit 70 hatte er noch über den Märchensammler Albert Grimm promoviert. Albert Grimm war mit den berühmteren Brüdern Grimm nicht verwandt. Ein Problem war seine Frau. Mit ihr wurde ich lange Zeit nicht warm. Das eheliche Verhältnis war offenbar ziemlich gestört. Trotzdem besuchte sie uns. Ich bot ihr einen Likör an. Es war Danziger Goldwasser. Das veränderte alles. Sie liebte diesen Likör. Für sie war er ein Zeugnis einer alten, versunkenen Welt, der Welt ihrer Eltern und Großeltern, der Welt ihres frühen Erwachsenenalters. Von da an war auch sie uns zugetan. Ich sagte nachher zu meiner Frau: „Man muss traditionsreiche Sachen anbieten. Nur dann kann man so etwas erleben."

Meine Zeit in dieser Stadt ging zu Ende. Am letzten Abend lud ich Freunde zu einem Abschiedsfest ein. Moritz Engel kam,

Tom der Reimer ebenfalls. Er saß zwischen Moritz Engel und mir und deklamierte begeistert: „Prophete links, Prophete rechts, das Weltkind in der Mitten" (Johann Wolfgang von Goethe). Am Ende des Abends servierte ich Wein. Ich hatte ihn von meinem Vater geerbt. Es war eine Auslese mit langer Goldkapsel aus dem Jahre 1976. Einen Wein in solcher Komplexität, Fülle und Harmonie hat es seither nicht mehr gegeben. Tom der Reimer war tief bewegt und fing an, Gedichte zu deklamieren – stocknüchtern wohlgemerkt. Nicht der Alkohol, sondern der unübertreffliche Wohlgeschmack hatte seine Zunge gelöst.

Zum Abschied schenkte Tom mir ein Bild, das er selbst gemalt hatte. Es hängt in meinem Büro.

Volker Schmidt

Er war mein Zivildienstleistender. Zwei junge Männer hatten sich für den Dienst in der Rundfunkmission beworben, einen konnte ich nur beschäftigen. Meine Wahl fiel spontan auf Volker Schmidt. Es war eine gute Wahl. Er engagierte sich nach Kräften. Und er spielte Klavier. Er zeigte mir auch seine eigenen Kompositionen. Ich fand sie nicht gelungen und teilte ihm das auch mit. Ich machte ihm ein Angebot. Ich habe als Schüler einen besonderen Musikunterricht genossen. Mein Musik- und Orgellehrer bot einem Schulkameraden und mir kostenlosen Unterricht in Harmonielehre an. Zwei Jahre lang lernten wir die Grundsätze, nach denen jahrhundertelang komponiert wurde. Ich entschloss mich, dieses Wissen genauso kostenlos an meinen Zivildienstleistenden weiterzugeben. Er war angetan von dieser Idee und suchte mich wöchentlich zum Unterricht auf. Es blieb nicht bei der Harmonielehre. Wir analysierten große Kompositionen, versuchten uns selbst im Komponieren kleiner Stücke.

Ich besuchte ihn in seiner Wohnung. Sie war klein und ziemlich vollgestellt. Ich zog meinen Mantel aus und streifte dabei eine Vase; sie ging zu Bruch. Eine peinliche Situation, die noch verstärkt wurde. Ich setzte mich auf einen der Stühle, lehnte mich zurück und der Stuhl krachte. Die Lehne war abgebrochen. Unserer entstehenden Freundschaft tat das keinen Abbruch. Als der Musikunterricht beendet war, hörten wir gemeinsam CDs und besprachen sie.

Der Unterricht hatte zwei Konsequenzen, die wir vorher nicht absehen konnten. Volker Schmidt hatte Blut geleckt und vervollständigte seine Fähigkeiten durch den Unterricht in Komposition an der Hochschule für Musik und darstellende Kunst in Stuttgart. Dabei kam er in Kontakt zu avantgardistischen Kompositionstechniken. Das wurde von nun an seine musikalische Sprache. Die andere Konsequenz betraf seinen Beruf. Er war angestellt bei einer Computerfirma. Sein Arbeitsplatz wurde wegrationalisiert und Volker Schmidt war ohne Arbeit. Auf die erworbenen musikalischen Kenntnisse vertrauend bewarb er sich bei einer Schule als Musiklehrer. Er wurde tatsächlich angenommen.

Ich bin seitdem der Pastor der Familie. Ich vollzog die kirchliche Trauung, ich taufte die Kinder. Eines Tages bat auch seine bis dahin konfessionslose Ehefrau um die Taufe, die ich gern vollzog. Meine Frau und ich wurden Patin und Pate der Kinder.

Albrecht Niederberger

Es waren zwei Leidenschaften, die uns verbanden: die Musik und das Kochen. Er leitete zusammen mit dem Pastor die Gemeinde. Ich traf ihn zum ersten Mal, als ich von Leitung der Rundfunkmission zurückgetreten war. Davon im nächsten Kapitel mehr. Der Superintendent und der Bischof, die für solche Fälle zuständig sind, wiesen mir eine Gemeinde zu. Sie hatten mit Albrecht Niederberger besprochen, dass ich in seiner Gemeinde einen neuen Anfang versuchen würde, allerdings vorläufig nur für ein Jahr. Dass daraus 16 Jahre wurden, konnte niemand ahnen. Aber noch war ich im Auftrag der Rundfunkmission unterwegs und kam in die Gemeinde von Albrecht Niederberger, um dort die Arbeit dieser Institution vorzustellen und Spenden einzuwerben. Nach der Veranstaltung saßen wir zusammen, und Albrecht Niederberger stellte Fragen, machte Bemerkungen, kurz, er tat so, als ob er nicht wüsste, dass er mit dem zukünftigen Pastor sprach. Er war die Diskretion in Person.

Als ich dann schließlich dort meinen Dienst begann, besuchte ich ihn und seine Frau ziemlich bald. Ich tat gut daran. Sie sagten, ich sei seit zehn Jahren der erste Pastor, der sie besuchte. Es sollte nicht bei diesem Besuch bleiben. Wir hatten viele gemeinsame Interessen und waren uns von Anfang an sympathisch. So manchen Strauß trugen wir gemeinsam aus. Als der Gerichtsvollzieher die Mieter aus dem Haus zu bringen hatte, siehe „Der Pastor und sein Neubau", stand er mir den ganzen Vormittag zur Seite in dieser unerfreulichen und peinlichen Situation. Als ich für die Bewohnerin des anderen Hauses eine Abfindung ausgehandelt hatte, zögerte er keinen Augenblick, die Summe bereitzustellen. Das ist für eine Gemeinde, die ausschließlich auf Spenden angewiesen ist, keine Selbstverständlichkeit. Er bereicherte meine Konzerte durch sein Gitarrenorchester, das sich aus seinen Schülerinnen und Schülern zusammensetzte. Es war eine gute, vertrauensvolle Zusammenarbeit, die uns jenseits unserer Hobbies miteinander verband und sich zur Freundschaft entwickelte.

Gabriel Laub

„Er tat was er konnte, um zu verbergen, dass er nicht konnte, was er tat." Das ist ein Aphorismus, also ein humorvoller Sinnspruch meines Freundes Gabriel Laub. Er war zu seiner Zeit ein gefragter Aphoristiker und Kolumnenschreiber, unter anderem veröffentlichte er beim Carl-Hanser-Verlag; das ist sozusagen der literarische Ritterschlag. Er war aus der Tschechoslowakei wegen der Unterdrückung durch den Kommunismus geflüchtet. Seine ersten Sprüche, die er in der Bundesrepublik veröffentlichte, waren dann auch Übersetzungen aus dem Tschechischen. Aber er erlernte in kürzester Zeit die deutsche Sprache so perfekt, dass er mit ihr spielen konnte.

Ich lernte ihn kennen, als ich die Anmeldung eines Jungen mit Nachnamen Laub in den Händen hielt. Irgendetwas hatte ich mit ihm zu klären, sodass ich ihn aufsuchte. Auf der Klingel stand „Gabriel Laub". Ich trat ein und fragte ihn, ob er identisch sei mit dem Schriftsteller gleichen Namens. Er freute sich über meine Frage und bejahte sie. Das war der Anfang einer jahrelangen Freundschaft, die nur durch die weiten Entfernungen nicht aufrechterhalten werden konnte.

Er war ausgesprochen wohlbeleibt. Von ihm stammt der Spruch: „Der Dicke lebt kürzer, aber er isst länger." Den Doppelsinn von isst und ist erfährt man am besten durch lautes Lesen oder besser noch Zitieren.

Michael Klenk

Er ist mit wallendem weißem Haar und langem weißem Bart eine unübersehbare Erscheinung. Ich lernte ihn kennen, als ich die Sommerakademie der Schwäbisch Haller Akademie der Künste besuchte. Erst im Laufe der Zeit erfuhr ich, dass er ein in weiten Kreisen anerkannter Künstler ist und seine Bilder einen hohen Wert haben. Außerdem ist er ein ausgewiesener Kenner und Liebhaber der Oper. Letzteres allein verbindet uns schon. Im Laufe der Jahre kamen wir uns immer näher, bis wir miteinander Freundschaft schlossen. Leider ist sein Wohnort zu weit entfernt von meinem, so dass sich die Freundschaft weithin brieflich gestalten muss. Jedes Wort, das er scheibt, ist erfüllt von seiner Menschenliebe und seiner Weisheit. Diese späte Freundschaft ist für mich eine Quelle tiefer Freude.

Es gibt und gab noch andere Freundschaften. An Hans-Albert Steeger habe ich schon an anderer Stelle gedacht. Zwei weitere Freunde sind mir sehr nahegekommen. Beide begannen mit einer E-Mail. Ich hatte als Kind und Heranwachsender einen Brieffreund in der Schweiz, Hans-Ulrich Joss. Ich lernte ihn persönlich kennen, als er mit seiner Pfadfindergruppe an einem Zeltlager in den Niederlanden teilnahm. Danach schrieben wir uns nicht mehr. Vierzig Jahre später schickte er mir eine Mail. Er hatte meinen Namen in einem Buch gesehen, das ich ihm in unserer „aktiven" Zeit geschenkt hatte. Ich war sehr angetan davon. Wir trafen uns und erneuerten unsere Freundschaft.

Einen Schulfreund versuchte ich meinerseits, per Internet ausfindig zu machen, Folkert Sarrazin. Es klappte nicht – ich fand zwar seinen Namen, aber in Zusammenhängen, die mit der Zeit obsolet geworden waren. Mitten in diesen Versuchen, aber von ihnen völlig unabhängig, schickte er mir eine Mail und suchte seinerseits um eine Weiterführung der Freundschaft nach. Er besuchte mich mit seiner Ehefrau, und fünfzig Jahre waren wie weggeblasen.

Ein später Freund war auch Martin Hägele. Wir lernten uns kennen in der Sommerakademie Schwäbisch Hall, die von Michael Klenk geleitet wurde. Es war eine kurze Freundschaft, denn Martin starb im hohen Alter, für mich zu früh. Er war bald bei uns zu Gast, wir hatten den Weg zu ihm noch nicht gefunden. Eines Tages lud er mich zu einer Ausstellung ein, die er mit seiner Lebensgefährtin veranstaltete. Ich wusste die Adresse der Ausstellung nicht mehr, aber der Briefumschlag war ja da – richtig, so hatte ich seine Adresse ja auch in Erinnerung. Ich machte mich auf den Weg, fand das Haus und läutete. Nichts tat sich. Auch nach mehrmaligem Läuten vernahm ich keinen Laut. Merkwürdig! Da passierte es. Blitzartig fiel mir ein: Hier warst du schon einmal. Es war sehr lange her, Jahrzehnte. Ich hospitierte bei der Rundfunkmission, deren Leiter ich werden sollte und wo ich mit Pauken und Trompeten scheiterte. Der damalige Chef hatte mich mit einer Grafik zu Martin Hägele geschickt, die dieser überarbeiten sollte. Beide hatten wir diese Begegnung völlig vergessen.

Die Ausstellung war, wie ich später erfuhr, nur um die Ecke bei seiner Lebensgefährtin, die ebenfalls von und mit der Kunst lebt.

Noch viele andere Freunde haben mich auf meinem Lebensweg begleitet. Ich denke an Hermann Bergmann aus meiner ersten Gemeinde, die ich selbstständig leitete. Nach vielen Anfangsschwierigkeiten fanden wir zusammen und sind bis heute Freunde geblieben. Zu denken ist auch an Ingo stauche, der die Kirchenzeitung redigierte und viele Beiträge von mir veröffentliche. Über diese Geschäftsbeziehung wurden wir Freunde. Sie und viele andere haben mein Leben reich gemacht und mich manchmal, ohne es zu wissen, in Zeiten der Niedergeschlagenheit begleitet. Von jedem habe ich etwas gelernt. Von Johann Meyer zum Beispiel, dass man seine Zettel korrekt faltet, bevor man sie in die Fächer der Gemeindeglieder legt. Er war es auch, der mir aufzeigte, wie man in einen schlechten Ruf kommen kann. Nach dem Mittagessen nahm ich mir den Spiegel vor und begann, darin zu blättern. Währenddessen verabschiedete sich Johann Meyer. Er hatte auswärts zu tun. Als er am frühen Abend zurückkam, saß ich auf dem Rasen vor dem Haus und las wieder im Spiegel. Er sah es und war ganz irritiert: „Du hast doch wohl nicht den ganzen Nachmittag im Spiegel gelesen?!" Das hatte ich natürlich nicht und klärte ihn dementsprechend auf. Vielleicht aber hatten andere das auch so gesehen wie er, bei denen ich nichts richtigstellen konnte. So entstehen Gerüchte. Ich hatte mit manch einem zu kämpfen.

Der Pastor und der Rundfunk

Als die Frage aufkam, wer sich denn an der Arbeit am Rundfunk beteiligen möchte, war ich sofort dabei. Es ging darum, dass die Kirchen einen bestimmten Sendezeitraum zur Verfügung haben, den sie nach Gutdünken füllen können. Hier nun ging es um Andachten. Vor das Verfassen der Andachten hatte die Kirche jedoch eine Ausbildung gesetzt. Ich machte mich also auf den Weg nach Düsseldorf, wo diese Ausbildung stattfand. Ich war hochgemut, weil ich ja schon lange gepredigt und Andachten gehalten hatte. Diese Stimmung sollte mir bald vergehen.

Jeder hatte eine Andacht mitzubringen. Ich entschied mich, über ein Gedicht von Theodor Fontane zu sprechen: „O trübe diese Tage nicht!" Es ist ein Gedicht, das den Herbst des Lebens beschreibt. Ich legte die Andacht vor und wartete gespannt auf das, wie ich dachte, allfällige Lob durch den Ausbildungsleiter, Pfarrer Goetzmann. Doch der war alles andere als zufrieden. Als ich fertig war mit meinem Vortrag, sagte er, das, was ich gemacht hätte, sei Literatur, und zwar schlechte Literatur. Und wie ich das Gedicht vorgelesen hatte, sei einfach unter Niveau. Beides traf ins Zentrum meines Selbstbewusstseins. Hatte ich doch durchaus literarische Ambitionen, und war ich für das Rezitieren von Gedichten doch extra ausgebildet worden! Das mulmige Gefühl in meinem Magen war deutlich – Enttäuschung machte sich breit. Erst später begriff ich, dass eine Rundfunkandacht keine Literatur ist, sei sie schlecht oder gut, sondern anderen Gesetzen zu folgen hat.

Nach einer gewissen Zeit vertraute mir Pfarrer Goetzmann dann doch eine Andachtenwoche im Westdeutschen Rundfunk an. Später durfte ich sogar eine halbstündige Sendung am Sonntagmorgen gestalten. Ich sprach über Leihmutterschaft, über das Geschäft damit und über die Bewertung durch den christlichen Glauben. Dazu hatte ich ein kinderloses Ehepaar befragt und die Ergebnisse in meinem Beitrag verarbeitet. Am Vormittag nach der Ausstrahlung erhielt ich einen wütenden Anruf. Ein Mann beschwerte sich bitter über meine Sendung und drohte mir sogar an, handgreiflich zu werden. Seine Frau hatte eine Leihmutterschaft beansprucht. Ich versuchte, die Situation zu deeskalieren. Schließlich gelang dies auch. Seine Wut verrauchte.

Die Weiterbildung wurde fortgesetzt. Besonders ein Kollege ärgerte mich dabei. Er kam regelmäßig eine halbe Stunde zu spät zum Termin und entschuldigte sich mit dem immer wiederkehrenden Satz: „Der alltägliche Wahnsinn." Er meinte damit die Staus, die es in dieser Gegend an jedem Morgen gibt. Einmal fragte ich ihn, woher er denn komme. Aus Hilden. „Ich bin aus Velbert, da haben wir ja fast dieselbe Strecke. Aber ich bin immer pünktlich. Woran das wohl liegt!" – „Ja, das weiß ich auch nicht", antwortete er. Ich wieder: „Ich will es Ihnen sagen. Ich weiß, dass es Staus gibt und fahre deswegen einfach eine halbe Stunde früher los." Der Kollege kam nie wieder zu spät.

Eine weitere Phase meiner Ausbildung befasste sich mit den Problemen des Privatfunks. Ich machte dazu ein Praktikum bei einem privaten Sender. Es war im Großen und Ganzen wenig ersprießlich. Ich erinnere mich vor allem daran, dass ich zum Bänderschneiden eingeteilt wurde. Ich sagte: „Bänder schneiden und kleben kann ich jetzt. Was gibt es sonst für mich zu tun?" Ich durfte dann die Verkehrsnachrichten anderer Sender anhören und für unseren Sender zubereiten.

Nachdem ich das gelernt hatte, wurde ich zu Andachtssendungen im privaten Rundfunk herangezogen. Es musste immer etwas Konkretes aus dem Alltag sein. Ich kam viel dabei herum und arbeitete mich in eine Fülle von Themen ein. Aber ich fühlte mich nicht wohl. Immer wenn ich einen geistlichen Akzent setzen wollte, für den ich ja schließlich mit dabei war, hieß es: „Das Geistliche besteht darin, dass es ein Pfarrer ist, der das sagt. Das ist geistlich genug!" Nun ja!

Das änderte sich von Grund auf, als ich die Rundfunkarbeit meiner Kirche übernahm, die Rundfunkmission. Es endete in einem Desaster. Ich war weder fähig, meine Mitarbeiterinnen und Mitarbeiter zu führen, noch war ich in der Lage, Verhandlungen zu einem befriedigenden Ergebnis zu bringen. Schließlich musste ich zurücktreten, was ich ganz erleichtert tat. Jedoch brachte mich diese Arbeit in Kontakt zu der ARD-Sendeanstalt in Berlin. Auch hier hatten die Kirchen ihre Sendeplätze, und einige wenige wurden durch die Rundfunkmission wahrgenommen. Durch mein Amt hatte ich dort Sendungen unterbringen können. Ich teilte also meinen Bezugspersonen mit, dass nach meinem Abschied von der Rundfunkmission meine Tätigkeit für die ARD-Sender wohl zu beenden sei. Sie antworteten, die Rundfunkmission und meine Tätigkeit dortselbst seien ihnen egal; meine Sendungen wollten sie haben. Das war eine erfreuliche Wendung in diesem Geschehen. Bis auf den heutigen Tag bekomme ich Aufträge für die ARD-Sender, Deutschlandfunk, Deutschlandfunk Kultur und Deutsche Welle.

Aber auch dort lief nicht alles glatt. Bei der Themenfindung für die sechs Andachten pro Woche, gar nicht so einfach, habe ich mir angewöhnt, ein Oberthema zu wählen und die Andachten ihm zuzuordnen, wobei jede Andacht natürlich für sich allein zu stehen hat. In einer Andachtenreihe hatte ich mir das Thema gesetzt: Beobachtungen an der Tierwelt und ihre Beziehung zum Schöpfungsreichtum Gottes. Dies war das erste und letzte Mal, dass eine Andachtenreihe komplett abgelehnt wurde. Der Höhepunkt sei wohl, so mein Partner, über ein Eichhörnchen zu schreiben; wem komme dabei nicht der Witz in den Kopf, in dem Jesus mit einem Eichhörnchen verwechselt wird. Das war einzusehen, und ich schrieb eine neue Andachtenreihe.

Vor dem Ausbruch der Corona-Krise nahm ich die Andachten in einem Tübinger Studio des Süddeutschen Rundfunks auf. Das klappte meistens ganz vorzüglich. Aber auch hier wurde mein Übermut gekühlt. Einmal sagte ich dem Aufnahmeleiter, ich sei ja Profisprecher und wir würden bald fertig sein mit der Aufnahme. Aber dieses eine Mal musste ich fast jeden Satz zwei oder drei Mal sprechen, und wir überzogen die uns überlassene Zeit erheblich. Am Ende blieb mir nur noch zu bemerken, diese Aufnahme sei die Strafe für meinen Hochmut gewesen.

Der Pastor und seine Orgeln

In meiner Jugendzeit genoss ich eine Ausbildung an der Orgel. Sie war so nachhaltig, dass ich von diesem Instrument und seiner Musik nie wieder loskam. Ich hatte auch einigen Erfolg, war Organist in einer Mennonitenkirche und hauptamtlicher Organist in der reformierten Kirche zu Leer – eine durchaus ehrenvolle Stellung. Auch während meines Studiums nahm ich noch Orgelunterricht. Doch dann hörte das auf und ich widmete mich der Theologie. Allerdings blieb die Liebe zur Orgel und zum Orgelspiel.

Meine Ausbildung zum Pastor geschah in einer Gemeinschaft, in der zusammen zu leben genauso wichtig war wie zusammen zu lernen. In der Aula unseres Instituts befand sich eine kleine, aber immerhin zweimanualige Orgel. Bei vielen Andachten spielte ich; ebenso in einer naheliegenden Gemeinde. Ich wurde sozusagen der Cheforganist in dem Institut.

Ein Höhepunkt sollte der Ausflug unserer Gemeinschaft nach Österreich werden. Im Programm war auch eine Besichtigung des Linzer Doms vorgesehen. Dort durfte ich die Orgel spielen. Es war die Orgel, auf der der berühmte Komponist Anton Bruckner jahrelang gespielt hatte. Das war eine Ehre sondergleichen, auf dieser Orgel spielen zu dürfen, gleichsam in der Nachfolge des großen Meisters. Ich hatte ein Werk von Johann Sebastian Bach vorbereitet. Aber, o Schreck, das Pedal hatte eine sogenannte kurze Oktave; das heißt, dass das tiefe Cis, das tiefe Dis und das tiefe Fis fehlten. Einer dieser Töne war für meinen Bach aber unverzichtbar; es war wohl das Fis. Mit dem Bach war es also Essig. Zum Glück hatte ich noch ein Heft mit Werken von Johann Jakob Froberger im Gepäck, die ohne Pedal auskamen. Das wurde von den Hörern auch nicht vermisst.

Ich brauchte immer eine nicht ganz kurze Einspielphase, bevor ich einigermaßen fehlerfrei spielen konnte. Das wurde mir zum Verhängnis. Ich hatte dies meinen Kommilitonen und der Leitung nachdrücklich mitgeteilt. Doch dann verspäteten wir uns bei einer Fahrt zu einer Gemeinde. Um 20.00 Uhr sollte der Gottesdienst beginnen. Fünf Minuten vorher kamen wir an. Da war keine Zeit mehr zum Einspielen, ich musste sofort ran. Ich spielte grauenhaft. Nachsichtiges Schulterklopfen durch einen Kommilitonen war eher schmerzhaft als tröstend. Von diesem Abend an habe ich bei Besuchen in den Gemeinden nicht wieder gespielt.

In einem meiner Bezirke mit mehreren Gemeinden trieb ich den Orgelbau voran. Eine kleine Orgel mit vier Registern kam in einem Saal zu stehen. Ich lud meinen Freund Georg Hesse ein, die Einweihung zu spielen. Er tat dies auf eine Art, die es völlig vergessen ließ, dass das Instrument nur vier Register besaß. Es war ein durch und durch faszinierendes Konzert. Ich telefonierte daraufhin mit einem Chor- und Orchesterleiter in der Kreisstadt und berichtete ihm von diesem Ereignis. Die Folge davon war, dass mein Freund ein umjubeltes Konzert auf einer großen Kirchenorgel gab.

Im Eigenbau war die Orgel in der Gemeinde erstellt worden, in der ich die folgenden Jahre Dienst tat. Sie hatte sie als Bausatz bestellt und zwei Bastler aus der Gemeinde puzzelten sie zusammen. Sie war zweimanualig. Aber sie hatte gewisse bauliche Mängel, die eine immerwährende Betreuung notwendig machten. Einmal funktionierte dies nicht, ein anderes Mal jenes. Die Orgel war sozusagen eine immerwährende Baustelle. Trotzdem freute ich mich, auf einer Pfeifenorgel spielen zu dürfen. Mein Freund Georg Hesse bot mir eines Tages ein halbes Register aus Orgelzinn zu einem günstigen Preis an. Nach einer Rücksprache mit der Gemeinde kaufte ich es. Der Orgelbauer bot mir dafür ein ganzes Register aus Holz an, das lehnte ich ab. Natürlich wollte er trotzdem den Einbau des Registers übernehmen, das war auch in meinem Interesse. Aber aus der Gemeinde gab es Bedenken. Die beiden Bastler, die die Orgel aufgebaut hatten, freuten sich doch schon darauf, selbst das Register einbauen zu dürfen, hieß es. Ich beriet mich mit dem Orgelbauer. Der versicherte mir, dass er die Situation schon meistern werde. Ein paar Tage später traf ich alle drei in trauter Arbeit an der Orgel. Das Geheimnis, warum sich Fachmann und Bastler so gut verstanden: Der Orgelbauer hatte die beiden Bastler davon informiert, dass der Hersteller des Bausatzes eigentlich Drehorgeln baut. Damit waren die Probleme mit der Orgel wohl geklärt, und friedlich kam ich zu einem neuen Klang in meiner Orgel.

Der Wunsch eines jeden Organisten ist wohl, eine Hausorgel zu besitzen. Man kann nicht nur den Weg in die Kirche sparen, man muss im Winter auch nicht gegen die Kälte anspielen. Und man ist unabhängig von Übungsplänen. Dreimal war mir ein solches Glück beschert.

Das erste Mal war es keine Orgel, sondern ein Harmonium mit voll ausgebildetem Pedal; es war mit einem elektrischen Gebläse ausgestattet. Eine Frau aus dem erwähnten Altersheim hatte es mir geschenkt. Zum Dank lud ich sie ein, mir beim Spielen zuzuhören. Sie kam auch, ich spielte ein Werk von Johann Sebastian Bach und sie war zufrieden. Sie kommentierte es mit den Worten: „Das orgelt ja ganz schön!" Ich

109

verkaufte das Instrument an den Orgelbauer, weil ich das Geld für einen Flug mit Familie nach England brauchte. Billigflüge gab es damals noch nicht. Dass das Instrument vom „lieben Holzwurm", so der Orgelbauer, befallen war, wusste ich nicht und er hatte es vor dem Kauf nicht bemerkt.

Die zweite Hausorgel war eine Elektronenorgel mit voll ausgebautem Pedal. Ich war und bin kein Freund von Elektronenorgeln, aber als Übungsorgel schien sie mir doch recht geeignet zu sein. Wir mussten wieder eine Gemeinde aufgeben, in der diese Orgel gestanden war. Man fragte mich, ob ich jemanden wüsste, der sie für 1000 Euro kaufen würde. Ich wusste schon, dass ich der Käufer werden wollte, aber aus Gründen der Fairness fragte ich ein wenig herum. Keine Privatperson, keine Gemeinde wollte sie haben. Ich sagte dann, ich würde für die Orgel 500 Euro geben. Damit war die Gemeinde einverstanden. Es war nicht leicht, sie zu transportieren, sie war für zwei starke Männer fast zu schwer. Doch es gelang. Aber die Orgel war verschlossen, der Schlüssel nirgends zu finden. Das Schloss musste aufgebohrt werden. Dann fehlte das elektrische Kabel. Die Rückwand der Orgel wurde abmontiert – siehe da, das Kabel war vorhanden sowie auch der verloren geglaubte Schlüssel.

Es gab noch ein weiteres Problem: Die Orgelbank war verschwunden. Man kann eine Orgel nur mit einer dafür konzipierten Bank bespielen. Alle Suche half nichts. Ich baute mir eine provisorische Orgelbank aus einem Brett und Bänden von Meyers Konversationslexikon. Das funktionierte nicht. Ich fragte meinen Schwiegersohn, seines Zeichens Zimmermann, ob er mir wohl eine Orgelbank nach meinen Vorgaben bauen wolle. Er war nicht gerade begeistert, aber für einen Schwiegervater nimmt man vielleicht die eine oder andere Mühsal in Kauf. Aber er brauchte sie nicht zu bauen. Der Organist dieser Gemeinde hatte sie verliehen. Ich brauchte noch drei oder vier Telefonate und die Orgelbank stand vor der Orgel.

Es war eine Erleichterung, diese Orgel zu besitzen und zu spielen. Doch dann kamen Reparaturen. Die Schäden waren zu einem kleinen Teil irreversibel. Es machte einfach keinen Spaß mehr. Der Vertreter der Orgelbaufirma reparierte sie. Schließlich nahm er die Orgel „zu Ausschlachten" mit, wie er sich ausdrückte. Dass ich die Orgelbank behalten wollte, passte ihm offenbar nicht so recht. Gesagt hat er nichts dazu.

Die dritte Orgel ist nun eine richtige Pfeifenorgel. Sie hat sechs Register, von denen ich normalerweise nur zwei benutze, die anderen sind sehr laut. Sie hat auch ein Pedalregister. Ich bekam sie als Dreingabe zum Kauf unserer Kapelle, die wir zu einem Wohnhaus umbauen ließen.

Zum Üben habe ich nun also ein geeignetes Instrument. Öffentlich spiele ich nicht mehr. Nachdem ich einen Gottesdienst mit vielen Fehlern gespielt hatte, sagte ich zu meiner Frau, die als Pfarrerin in diesem Gottesdienst fungiert hatte: „Dies war definitiv das letzte Mal, dass ich öffentlich Orgel gespielt habe." Bei meinen kirchenmusikalischen Partnern gab ich an, es sei mein vor Kurzem aufgetretener Tremor, der mich am öffentlichen Spielen hinderte. Falsch ist auch dies nicht.

Dennoch absolviere ich jeden Tag meine Zeit an der Orgel.

Ich war mittlerweile im Ruhestand und ich hatte öfters Orgeldienst. Es war die Mode mit den sogenannten Lobpreisliedern aufgekommen, Gesänge mit bescheidenem Inhalt und noch bescheidenerer musikalischer Qualität. Ich mag diesen frommen Singsang nicht, habe ihn aber immer toleriert. Ich habe keinen Musikstil zu verkündigen, sondern das Evangelium. Eines Morgens saß ich vor dem Gottesdienst an meiner Orgel und probte das Lobpreislied, das der neue Pastor vorgegeben hatte. Im Raum war ebenfalls die ehemalige Organistin. Gemeinsam zogen wir über das Lobpreisgesinge her, als der Pastor den Raum betrat. Wir hörten sofort auf mit dem Gemecker, aber er hatte es doch mitgekriegt.

Das erfuhr ich in der kommenden Woche. Ich hatte den Pastor zu mir eingeladen, immerhin gehörte ich zu den gesundheitlich Behinderten in seiner Gemeinde. Da saß er nun an meinem Teetisch und machte mir Vorwürfe wegen meiner so freizügig geäußerten Kritik. Er drohte mir sogar an, er werde mich nicht mehr zum Orgelspiel zulassen, wenn sich dieses wiederhole.

Ich war perplex. Damit hatte ich nun wirklich nicht gerechnet. Ich versicherte ihm, ich würde öffentlich keine Kritik daran mehr äußern.

Ein paar Wochen später fand ich in meinem E-Mail-Account eine Mail von meinem Pastor mit den Liedern für den nächsten Sonntag. Eines begann mit den Worten: „Berge mich in deinem Arm". Ich wollte ja öffentlich nicht mehr kritisieren, konnte es aber nicht lassen, dem Pastor mitzuteilen, dass es nicht „Berge" heißt, sondern „Birg". Er reagierte darauf nicht. Der Sonntag kam heran, das Lied wurde an die Wand projiziert. Da stand mein Kollege im Ruhestand auf, ein vielseitig gebildeter, freundlicher alter Herr, und verkündete der Gemeinde und mit ihr dem Pastor: „Es heißt nicht ‚Berge', es heißt ‚Birg'!" Ich bin vor Lachen beinahe von der Orgelbank gefallen.

Der Pastor und die Organisten

In der Methodistenkirche ist es üblich, dass die Orgeldienste von Laien ausgeführt werden, die ehrenamtlich tätig sind, also kein Geld dafür verlangen. Das geht mal gut, mal weniger gut. Wir hatten eine ausgezeichnete Organistin, die leider wegzog und uns nicht mehr dienen konnte. Für längere Zeit spielte ich selbst; aber schließlich wurde es mir zu viel. Ich fand einige Organistinnen und Organisten, die bereit waren, den Dienst auf Zeit zu übernehmen. Eine befriedigende Lösung konnte das nicht sein.

Auf der Suche nach einem Nachfolger traf ich auf Johannes Vetter, von dem schon ausführlich die Rede war. Aber er wurde von einer Kirche in Düsseldorf engagiert, und ich saß wieder selbst auf der Orgelbank.

Bis ich Paul Anders begegnete. Ich lernte ihn bei einem Orgelkonzert kennen. Er war jung und er war großartig. Seine Virtuosität war beeindruckend. Und er war noch Student. Ich wollte ihn unbedingt für meine Gemeinde haben. Er war auch gar nicht abgeneigt. Wir überlegten gemeinsam, wie wir es wohl bewerkstelligen könnten, ihn gegen Bezahlung anzustellen. Wir verfielen auf die Idee, ihn als Zivildienstleistenden zu beschäftigen. Aber das funktionierte nicht. Für die zuständige Behörde war die Gemeinde zu klein, um als Zivildienststelle in Frage zu kommen. Ich versuchte, die Arbeit, die der junge Mann zu leisten hätte, auszuweiten, es war vergeblich. Er war jedoch bereit, mit einem Minimum an Bezahlung bei uns zu spielen. Er spielte großartig, aber manchmal zu lange. Die Gemeinde wurde dabei unruhig. Der Gipfel war erreicht, als ein Pastor aus der damaligen DDR bei uns predigte. Das Vorspiel zum darauffolgenden Choral nahm und nahm kein Ende. Außerdem war es reichlich mit Dissonanzen bestückt. Mir brach der kalte Schweiß aus. Wie würde die Gemeinde diese nicht enden wollende Kakophonie wohl aufnehmen? Nach zehn langen Minuten konnte sie endlich ihr Lied anstimmen. Ich bat den Organisten danach in mein Büro und fragte ihn, was das zu bedeuten habe. Ja, sagte er, er sei von der Predigt so begeistert gewesen, dass er unbedingt den Choral vorher und den nachher miteinander verbinden wollte, und das habe eben seine Zeit gebraucht. Ich wandte ein, dass wohl niemand in der Gemeinde dies erkannt habe, dass sie vielmehr irritiert sei. Ich erklärte ihm sodann: „Wir brauchen an der Orgel keinen großen Zampano, der wer weiß wie viele Künste beherrscht. Wir brauchen vor allem eine zuverlässige Begleitung des Gesangs, damit die Gemeinde kräftig mit einstimmen kann." Das leuchtete ihm ein. Aber seine Leistungen ließen nach. Er war öfters völlig unvorbereitet und das auch noch im Weihnachtsgottesdienst. Das konnte ich natürlich nicht hinnehmen und gab ihm ein entsprechendes Feedback. Es wurde nicht besser. Einmal improvisierte er so vor sich hin, ohne Form, ohne Inhalt. Da wusste ich: Diese Art Musik will ich nie wieder hören. Ich bestellte den jungen Mann ein und eröffnete ihm, dass ihm gekündigt sei. Er war brüskiert; jemand teilte mir später mit: „Der Paul schäumt gegen dich!" Dagegen war nun nichts zu machen; ich nahm es ganz gelassen hin.

Paul Anders erkrankte an einer religiösen Wahnvorstellung und brauchte eine Therapie. Als er die überstanden hatte, machte er sich auf die Suche nach einer neuen Anstellung. Aus einer Gemeinde rief man mich an und bat mich um eine Einschätzung des Organisten. Ich sagte wahrheitsgemäß, dass er ein großartiger Organist sei, aber wenig auf die Belange der Gemeinde gebe. Wie es der Zufall so will: Wenige Stunden später hatte ich Paul Anders am Apparat. Ich fürchtete schon, die Gemeinde habe ihn von meiner Einschätzung seines Dienstes informiert und er wolle mir jetzt Vorwürfe machen. Das geschah aber nicht. Er machte mir ein Konzertangebot, das ich selbstverständlich nicht annehmen konnte.

Nach Paul Anders arbeitete ich wieder mit Laienorganisten. Sie waren längst nicht so gut wie er. Aber sie konnten die Choräle zuverlässig begleiten. Und darauf kam es mir ja an.

Der Pastor und seine Musik

Durch mein Orgelspiel und meine Studien in Musikwissenschaft kam ich in den Ruf, in musikalischen Fragen kompetent zu sein. An meiner Ausbildungsstätte kam ein Kommilitone auf mich zu und fragte, ob ich wohl bei einem Konzert als Blattwender dienen könne. Es handelte sich um ein Konzert für Violoncello und Klavier in einem Altenheim, das er organisiert hatte. Sicher konnte ich Blattwender sein! Ja, ob er sich auf meine Fähigkeiten verlassen könne?! Selbstverständlich! Ich kam in das Altenheim zur Probe. Wenn ich gedacht hatte, es handele sich um gehobene Hausmusik, hatte ich mich gründlich getäuscht. Die beiden Musiker waren Meister ihres Faches und schenkten sich in Ausdruck und Tempo nicht das Geringste. Bei den Kompositionen von Schumann und Beethoven hatte ich keine nennenswerten Schwierigkeiten. Aber dann kam die Sonate für Cello und Klavier von Dimitri Schostakowitsch. Den letzten Satz spielten die Solisten in einem Tempo, dass ich große Mühe hatte, dem Notentext zu folgen. Sie spielten schneller, als ich gucken konnte! Es lief trotzdem einigermaßen erträglich ab. Aber ich hatte Angst, hier bei der Aufführung zu versagen. Der Abend näherte sich, Schumann ging gut, bei Beethoven war ich unsicher, ob eine Wiederholung gespielt werden würde, aber der Pianist wusste sich zu helfen. Dann kam der gefürchtete Schostakowitsch. Die ersten Sätze waren kein Problem, aber der letzte Satz! Da kam er auch schon, die ersten schnellen Passagen erklangen – und der Cellistin riss eine Saite! Ich atmete erst einmal auf. Ich dachte, ich hätte nun eine kleine erholsame Pause, bis sie eine neue Saite aufgezogen hätte. Aber, und da jauchzte ich innerlich, sie hatte keine Ersatzsaite dabei! Das Konzert war beendet. Ohne den letzten Satz von Schostakowitsch.

Ich war verantwortlich für das musikalische Geschehen in meiner Gemeinde. Ich hatte diese Tätigkeit von einer Musikerin in der Gemeinde übernommen und organisierte vier Konzerte im Jahr. Ich unterschied mich dadurch von anderen Konzerten, dass ich zwischen den Stücken moderierte und Gedichte rezitierte. Das Niveau der Konzerte stieg kontinuierlich an. Ich arbeitete mit Musikstudenten oder mit jungen Musikern, die mit unserem geringen Honorar noch einverstanden waren. Besonders gern erinnere ich mich an einen jungen Harfenisten, Markus Thalheimer, der später eine Anstellung in einem Symphonieorchester erhielt. Das Programm seines Prüfungskonzertes in der Musikhochschule absolvierte er vorher bei uns. Es war ein großartiges Konzert mit einem großartigen Solisten. Nur riss ihm zweimal eine Saite seines Instruments. Er hatte aber einen Satz Ersatzsaiten dabei und konnte nach den Pausen, die er benötigte, das Konzert fortsetzen.

Gern denke ich mich auch an die Konzerte eines jungen Gitarristen, dessen Name ich hier gern preisgebe: Peter Graneis. Er erlernte das Gitarrenspiel bei Albrecht Niederberger, der ja nicht nur zu meiner Gemeinde zählte, sondern mir auch ein enger Freund ist. Er hatte mir schon angekündigt, dass Peter Graneis eine besondere Begabung habe. Die ersten Klänge überzeugten mich sofort. Hier hatte ich es mit einem jungen Musiker zu tun, von dem noch Großes zu erwarten war.

Er gewann in der Folge wichtige Gitarrenwettbewerbe und war in großen Häusern Europas zu Gast. Ich fürchtete, für das Honorar, das wir unseren Solisten anbieten können, würde er mittlerweile die Gitarre nicht einmal auspacken. Ich bin stolz darauf, diesem großen Talent unsere Türen geöffnet zu haben.

Das Konzert, das ich besonders nachdrücklich in Erinnerung habe, kam auf andere Weise zustande. Meine Frau erhielt einen Anruf, ob sie wohl ein Konzert eines schwedischen Mädchenchores veranstalten wolle und was das wohl kosten würde. Es handelte sich um ein Adventskonzert zu Ehren der Heiligen Lucia. Der Luciatag ist immer der 13. Dezember; das war vor der Einführung des gregorianischen Kalenders in Schweden der kürzeste Tag des Jahres. Der Chor hatte Kompositionen im Gepäck, die von der Chorleiterin erst wiederentdeckt worden waren. Ich sagte begeistert zu. Geld wollte ich keines haben. Der Chor könne die Kollekte erhalten. Wir setzten der Termin fest, und die Werbung begann. Zusätzlich zur Plakatwerbung informierte ich die schwedische Botschaft von unserem Konzert. Eine halbe Stunde vor Beginn um 17.00 Uhr stand ich an der Kirchentür, um die Besucher zu empfangen und ihnen das Programm in die Hand zu drücken. Zwanzig Meter weiter war die Bushaltestelle. Ein Bus kam und hielt, und ungewöhnlich viele Leute stiegen aus. Ich traute meinen Augen kaum: Sie strebten alle zu mir! So ging es auch mit dem zweiten Bus – fast die ganze Ladung erging sich in meine Kirche. Dazu kamen viele Fußgänger, auch einige, die ihren Wagen woanders hatten parken müssen. Plötzlich stand der berühmte Schauspieler Walter Sittler vor mir! Ich begrüßte ihn mit den Worten: „Es ist für uns eine große Ehre, Herr Sittler!" Er antwortete, dass seine Tochter in dem Chor mitsinge. Am Ende war die Kirche hoffnungslos überfüllt, die Leute standen dicht an dicht gedrängt wie die sprichwörtlichen Sardinen in der Büchse. Ich sagte: „Wo der eine ein Hohlkreuz hat, kann der andere seinen Bierbauch hintun." Vor der Kirchentür standen Leute, die gar keinen Einlass mehr bekommen konnten. Ich sprach mich kurz mit der Chorleiterin ab und verkündete dann: „Dieses Konzert wird um halb acht wiederholt! Beehren Sie bis dahin die Restauration, die es hier fußläufig gibt!"

Die Feuerwehr hätte dieses Konzert niemals zugelassen, und zwar nicht nur wegen der nach wie vor hoffnungslosen Überfüllung der Kirche, sondern auch wegen der Darstellerin der heiligen Lucia. Das war eine junge Frau, die einen Kranz mit vier brennenden Kerzen auf dem Kopf trug. Sie stand regungslos vor den Sängerinnen. Für sie war das eine große, heißbegehrte Ehre. Der Mädchenchor trat in weißen Gewändern und hohen kegelförmigen Hüten auf. Nur Kerzenlicht erhellte den Raum. Es war eine zauberhafte Stimmung und ein ergreifender Chorgesang.

Anderthalb Stunden später hatte ich wieder eine volle Kirche. Die beiden Kollekten betrugen insgesamt rund 3000 Euro, die ich der Chorleiterin übergeben konnte.

In der Gemeinde, in der ich vorher Dienst tat, fiel der Chorleiter aus. Es gab niemanden, der ihn ersetzen konnte. Ich sagte: „Wenn ich jemanden in der Gemeinde wüsste, der meine musikalischen Kenntnisse hätte, würde ich keinen Augenblick zögern, ihn um die Chorleitung zu bitten. Also biete ich mich selbst an. Wenn ihr wollt, will ich gern euer Chorleiter sein." Sie wollten. Es ging auch alles recht gut. Der Dienst als Chorleiter machte mir Freude. Doch hatte ich mit einem Problem zu kämpfen: Einige Sänger kamen regelmäßig fünf Minuten zu spät, es konnten wohl auch mal zehn sein. Natürlich bestanden alle auf das pünktliche Ende der Chorstunde. Ich ließ mir etwas einfallen. In dem Raum, in dem wir probten, hing eine Uhr. Als nun der letzte Sänger eintraf, setzte ich die Uhr auf acht Uhr zurück. Natürlich erntete ich Protest, aber ich sagte: „Die Chorstunde beginnt um acht. Da sie jetzt beginnt, ist jetzt acht Uhr." Ich beendete die Probe auch wie üblich um halb zehn, allerdings nach meiner zurückgesetzten Uhr. Das merkten sich die Zuspätkommer und waren von jetzt an pünktlich. Jedenfalls für ein, zwei Mal. Dann gab ich auf.

Als wir das hundertjährige Jubiläum unserer Gemeinde vorbereiteten, fragten mich die Chorsänger, was für ein großes

Stück wir denn zu dieser Feier einüben wollten. Ich erinnerte mich blitzartig an andere Veranstaltungen dieser Art. Immer wieder hatte ich erlebt, dass der jeweilige Chor sich die größte Mühe mit anspruchsvollen Stücken gab. Aber es reichte nicht – der Sopran erreichte die Spitzentöne nur mit Mühe, der Tenor quetschte die seinen auch nur verkrampft hervor. Insgesamt hatte sich der jeweilige Chor regelmäßig mit seinem großen Stück übernommen. Deshalb sagte ich: „Wir üben gar nichts Neues ein. Wir feilen an den Stücken, die wir am besten können!" Die Überraschung war einigermaßen groß, aber es gab keinen Widerspruch. Wir arbeiteten an der Textverständlichkeit, am Zusammenklang, an der Intonation, an laut und leise… Eine musikalische Besucherin lobte den Chor dann mit den Worten: „Ich dachte im ersten Moment, ich höre die Gächinger Kantorei." Ein größeres Lob hätte man unserem kleinen Kirchenchor kaum machen können.

Der Pastor und die Trauungen

Ich bekam eine E-Mail mit der Bitte, zu einer Hochzeit die Orgel zu spielen. Ich sagte gern zu und übte fleißig den Hochzeitsmarsch von Mendelssohn-Bartholdy. Da erreichte mich eine weitere Mail mit der Bitte, ich möge doch mitteilen, was ich zum Eingang zu spielen gedächte. Ich mailte zurück, es sei der Hochzeitsmarsch. Das gefiel den Brautleuten nun gar nicht. Sie meinten, sie würden ihre Hochzeit ernst nehmen. Mir war nicht ersichtlich, inwiefern der Hochzeitsmarsch die Ernsthaftigkeit ihrer Hochzeit in Frage stellen sollte. Aber nun, ganz, wie sie wollten! Das Brautpaar machte den Vorschlag, ein Trompeter aus ihrem Bekanntenkreis könne doch mit Orgelbegleitung ihren Einzug in die Kirche begleiten. Ich hatte nichts dagegen einzuwenden. Bald hatte ich die Noten zur Hand, so dass ich die Begleitung einüben konnte. Ich vereinbarte eine Probe mit dem Trompeter am Vormittag der Hochzeit. Es war mir schon nicht recht geheuer, dass er eine Stunde zu spät kam. Doch die Generalprobe verlief befriedigend. Er konnte seinen Part, ich konnte meinen Part, also, was sollte schiefgehen. Es ging sehr schief. Beim Einzug des Brautpaares traf der Trompeter nicht einen einzigen richtigen Ton. Wenn das Bild erlaubt ist: Er stotterte in seine Trompete hinein. Es war grauenhaft. Wahrscheinlich hatte ihm die Aufregung die Töne verschlagen. Ich dachte, das Brautpaar habe vielleicht die zu späte Einsicht gewonnen, es hätte wohl doch wohl besser daran getan, zum Hochzeitsmarsch von Mendelssohn-Bartholdy in die Kirche einzuziehen.

Die meisten Trauungen verliefen ganz normal. An vier erinnere ich mich besonders. Zu einer von ihnen ist eine Vorbemerkung notwendig. Ein Kollege hatte mir erzählt, dass er eine Trauansprache einmal mit den Worten „Liebe Trauergemeinde“ eingeleitet hatte. Diese Anekdote hatte ich oft erzählt. Nun saß wieder ein Brautpaar vor mir. Nach dem Orgelvorspiel begann ich mit den Worten: „Liebe Trauergemeinde!“ Ich musste mich verlegen entschuldigen und auf die Anekdote verweisen, die nun eine zweite Anekdote hervorgebracht hatte.

Die andere Anekdote beginnt im Garten von Heinz Förschner, einem Freund, von dem ich bereits berichtet habe. Es gab Häppchen, Getränke, Gespräche und Gelächter. Unbeachtet lag das Etui mit den Trauringen einfach so herum. Jeder hätte sie stehlen können. Ich beschloss, selbst der Dieb zu sein und ließ die kostbare Preziose in meiner Jackentasche verschwinden. Als die Hochzeitsgesellschaft sich auf den Weg zur Kirche begab, vermisste der Bräutigam natürlich die Ringe. Er wusste sich keinen Rat. Mit etwas verdüsterter Miene machte er sich auf den Weg. Die Trauung nahm ihren Verlauf. Da kamen wir an die Stelle, wo der Ringtausch vollzogen werden sollte. Die Brautleute schauten sich verlegen an. Ich sagte: „Haben Sie keine Ringe? Dann kommt hier der Spezialservice der Evangelisch-methodistischen Kirche zum Einsatz.“ Ich griff in meine Jackentasche, bei einem Talar gar nicht so einfach, und beförderte das Etui mit den Ringen ans Tageslicht. Sie nahmen sie erleichtert an und die Trauung konnte fortgesetzt werden. Ich habe keinerlei Reaktion auf meinen verwegenen Raub erhalten. Die Ehe allerdings hielt nicht lange.

Die Gaststätte lag idyllisch in einem Tal, umgeben von Wald und Wiesen – wie geschaffen für eine Hochzeitsfeier! Die Brauteltern reservierten sie und nach der Trauzeremonie in der Kirche suchten wir sie auf. Die Kinder waren begeistert, sie konnten sich freier Natur bewegen und miteinander spielen. Die Kaffeetafel verlief ungestört. Dann gab es eine Pause und man konnte sich von Kaffee und Kuchen erholen, spazieren gehen oder den Kindern beim Spielen zuschauen. Am frühen Abend versammelten sich die Gäste wieder zur festlichen Abendtafel. Damit begann das Unheil. Die ersten bekamen etwa um halb acht ihr Essen. Die letzten mussten bis um halb elf mit knurrenden Mägen ausharren. Das ganze Hochzeitsprogramm, mit Liebe von den Verwandten und Freunden zusammengestellt, fiel diesem Desaster zum Opfer. Die Kinder bemühten sich krampfhaft, wach zu bleiben, um das in Aussicht gestellte Eis nicht zu versäumen.

Ich stellte nachher den Chef zur Rede. Er entschuldigte sich mit den Worten: „Was soll ich denn machen, wenn ich nur eine Pfanne habe?" Ich war perplex. Ich sagte: „Ja, wenn das so ist, warum haben Sie das den Herrschaften bei der Reservierung nicht gesagt?" Antwort: „Ich konnte doch auf das Geld nicht verzichten. Ich muss mir doch neue Pfannen kaufen!"

„Da musst du mitkommen! Das wird sicher etwas Besonderes", sagte ich zu meiner Frau. Am Rande unserer Gemeinde lebte ein nicht mehr ganz junger Mann mit Namen Egon Varenholz (Name geändert). Wir wussten, dass er zum unterprivilegierten Milieu zählte. Aber das war natürlich kein Grund, ihn in irgendeiner Weise zu benachteiligen. Unsere Gemeindeglieder achteten und würdigten ihn, so wie es sich für eine christliche Gemeinde gehört. Nun kam er auf mich zu und sagte, seine Schwester wolle heiraten, ob ich nicht die kirchliche Trauung vollziehen könne. Natürlich konnte ich das. Zur Vorbereitung der Trauung suchte ich Braut und Bräutigam auf; sie lebten schon zusammen. Die Wohnung sah ungefähr so aus, wie ich sie mir vorgestellt hatte: es war ein unbeschreibliches Durcheinander – deshalb mache ich gar nicht erst den Versuch, es zu beschreiben. Erinnerlich ist mir vor allem der Schrank. Auf ihm befand sich eine Art Devotionaliensammlung. Als Blickfang besonderer Art thronte eine Büste John F. Kennedys zwischen den anderen Gegenständen und überragte sie. Es roch etwas nach Müll. Das Gespräch entwickelte sich nicht anders, als ich es gewohnt war. Zum Ende hin wurde ich zur häuslichen Hochzeitsfeier eingeladen. Ich sagte zu und fragte, ob auch meine Frau mitkommen könnte. Selbstverständlich könne sie, es sei ihnen eine Ehre, und wo dreißig satt würden, müsse der einunddreißigste nicht hungern. Sie erwarteten also 30 Gäste plus Pastorenehepaar.

Die kirchliche Trauung gestaltete sich nicht anders als bei anderen Trauungen. Danach warteten meine Frau und ich eine Viertelstunde, um nicht die ersten bei der häuslichen Feier zu sein. Als wir dann das Haus betraten, fanden wir eine Gesellschaft von ungefähr 16 Personen vor. Wir wurden auf das Herzlichste begrüßt und wie alte Freunde behandelt. Die Mutter wollte mir ihre vielen Kuchen zeigen, die sie gebacken hatte. Sie bugsierte mich ins Schlafzimmer, schlug eine Bettdecke zurück – unter ihr lagen die Kuchen. Aber zunächst gab es Mittagessen. Die Mutter fragte mich, ob ich lieber Wein oder Bier dazu trinken wolle. Ich schaute mir beides an. Da ich etwas von Wein verstehe, bat ich um das Bier. (Das erzählte ich natürlich auch meinen Freunden. Sie missverstanden mich so, als hätte ich diesen Satz dort den Menschen gesagt. Das hätte ich niemals getan!) Das Bier war von einer kleinen örtlichen Brauerei; das kam meinen Neigungen entgegen. Die Mutter fragte mich, ob ich das Bier lieber aus dem Glas oder aus der Flasche trinken wolle. Ein schneller Rundblick – doch, die Flasche war mir lieber. Als ich sagte, ich tränke lieber aus der Flasche, entgegnete Mutter Varenholz: „Schön, dass Sie an meinen Abwasch denken!"

Der Tisch wurde gedeckt. Es gab ein seltsam gelbes, fettiges Fleisch, Kartoffeln und Erbsen. Ich bat darum, ein Tischgebet sprechen zu dürfen. Ich durfte. Danach nahm ich das Besteck zur Hand. Auf der Klinge eines Messers befand sich ein grüner, eingetrockneter Rest irgendeiner undefinierbaren Speise. Ich war hin und hergerissen. Sollte ich um ein anders Messer bitten? Oder sollte ich meinen leichten Ekel überwinden und so tun, als ob alles in Ordnung wäre, um die Leute nicht zu demütigen? Während ich noch überlegte, sah ich, wie anderer Gäste ihre Messer eifrig mit dem Tischtuch putzten. Niemand fand etwas dabei. Ich machte es ebenso.

Nach Kuchen und Kaffee kam unvermeidlich das Bier zu seinem Recht. Und das in Mengen. Die Braut wurde damit regelrecht abgefüllt. Man zwang ihr das Bier in die Kehle, indem man ihr die Nase zuhielt. Der Bräutigam beteiligte sich mit. Das war offenbar ein Ritus, der in dieser Familie einfach dazugehörte. Uns war diese Prozedur unangenehm, und wir nutzten die erstbeste Gelegenheit, um uns in aller Form zu verabschieden.

Egon Varenholz blieb seiner Gemeinde treu. Nach seiner Übersiedlung nach Berlin telefonierte er mit mir und vertraute mir an, dass er Erfahrungen gemacht habe, die seinen Glauben auf wunderbare Weise bestärkt hätten.

Der Pastor und die Zeltfreizeit

Es regnete ohne Unterlass und der Sturm zerrte an den Zelten. Wir waren mit einer Jugendgruppe in der nördlichen Provence, in La Motte-Chalancon. Auf einer Urlaubsreise hatte ich diesen Ort entdeckt. Ein Bach floss am Rande der Wiese, auf der ich die Zelte aufzubauen plante. Die Sonne erwärmte den am Morgen kalten Bach jeden Tag aufs Neue, sofern sie schien. Ich pries den Ort dementsprechend mit folgenden Worten an: „Es gibt auch eine Kalt- und Warmwasserleitung. Morgens kalt, abends warm." Ich war ich allerdings davon ausgegangen, dass die Sonne täglich mit großer Wärme scheinen würde. Ich hatte den Teilnehmern der Zeltfreizeit gesagt, dass es heiß werden könnte und sie ihre Badesachen nicht vergessen sollten. Immerhin ist die Provence für ihre sommerliche Hitze bekannt. Aber diesmal gab es eine

Regennacht, in der wir froren und völlig durchnässt wurden. In den benachbarten Bergen war sogar Schnee gefallen. Dazu wütete der Sturm über uns hinweg. Der Krach war ohrenbetäubend. Ich lag in meinem Zelt und haderte. Was schief gehen konnte, ging auch schief. Wenn wenigstens der Sturm aufhören wollte! Hatte nicht Jesus dem Sturm Einhalt geboten? Jesus müsste man sein. Ich wälzte mich auf meiner Luftmatratze hin und her. Ich betete verzweifelt, dass Gott den Sturm und den Regen beenden möge. Aber ich glaubte nicht so recht, dass er auf diese Weise eingreifen werde. Aber auf andere Weise tat er es doch. Er stillte den Sturm in meinem Herzen. Ich wurde von einem Augenblick auf den anderen völlig ruhig. Ich drehte mich noch einmal um und fiel in tiefen erholsamen Schlaf.

Am nächsten Tag fanden wir Unterschlupf in einem ziemlich staubigen Kellerraum. Der Staub störte uns nicht. Wichtig war allein, dass wir im Trocknen waren und die nassen Kleider trocknen konnten.

Als die Sonne wieder schien, fläzte sich einer der jungen Teilnehmer den ganzen Tag auf einem sesselähnlichen Felsen und genoss die vom Himmel herunterknallende Sonne. Er hoffte, damit eine schöne Bräune zu erhalten. Das ging gründlich schief. Der Junge bekam an seiner gesamten Vorderseite einen kräftigen Sonnenbrand. Den nächsten Tag verbrachte er in seinem Zelt.

In dem Ort selbst gab es zwei Kneipen. In einer erholten meine Frau und ich uns von den Strapazen eines langen Tages. Da kamen zwei Männer herein, mit nichts anderem als einer Turnhose bekleidet. Sie wollten Bier trinken, aber ein gut gezapftes. Das war der Wirt nicht gewohnt, so wie man in ganz Frankreich das Bier schnell mit wenig stabilem Schaum einschenkt. Sie versuchten, sich verständlich zu machen: „Bier. Zapf und stopp! Zapf und stopp!" Der Wirt konnte damit nichts anfangen. Er fragte mich, ob ich wüsste, was die Männer wollten. Ich wusste es. Ich sagte: „Bière à la mode d'Allemagne!" – Bier nach deutscher Art. Ich verschaffte mir Zutritt zur Zapfanlage und zapfte den beiden je ein Bier wie aus dem Bilderbuch. Sie hatten nun endlich, was sie gewollt hatten. Und die anderen Gäste? Sie wollten plötzlich alle ein Bière à la mode d'Allmagne. Nur einer bemerkte, die französische Art schmecke ihm besser. Das war auch kein Wunder – das Bier hatte eine muffige Komponente, die beim raschen Einschenken durch den hohen Gehalt an Kohlensäure nicht auffiel.

Der Junge mit dem Sonnenbrand und sein Freund fehlten. Es war Abend und eigentlich Zeit für die sogenannte „Nachdacht", das war unsere Bezeichnung für die Andacht. Ich erwartete, dass sie bald auftauchen würden. Das taten sie aber nicht. Endlich schwante mir Übles. Ich ging zu der bereits erwähnten Kneipe. Richtig, da saßen meine Jungen und wurden regelrecht durch die Jugend des Ortes abgefüllt. Sie dachten gar nicht daran, ihre ach so freigiebigen neuen Freunde zu verlassen. Schließlich zog ich einen von ihnen am Ärmel von seinem Stuhl. Einer der fremden Jugendlichen zog am anderen Ärmel. Es kam zu einem regelrechten Kampf, den ich aber für mich und meine Jungen gewann. Aufs Höchste amüsiert und jauchzend traten sie endlich auf die Straße. Einer war so vergnügt, dass er im Laufschritt tanzte – und stürzte. Er schürfte sich den ganzen Nasenrücken auf. Am nächsten Morgen hatte ich zwei Jungen auf meiner Freizeit, die unter einem gewaltigen Kater litten. Einer von ihnen sagte: „So etwas mache ich nie, nie, nie wieder!" Insofern hatte der Abend vielleicht doch einen erzieherischen Wert.

Der Pastor und sein Urlaub

Wir kannten die Gegend wie unser Wohnzimmer. Die Provence. Sie ist für mich eine der schönsten Landschaften Europas. Die geschichtlichen Dokumente, teils aus nahezu vorschriftlicher Zeit, faszinieren immer wieder aufs Neue. Unbedingt sehenswert sind die Überreste aus römischer Zeit.

Wir waren unterwegs, um neue Landschaften zu entdecken. Auf einem Zeltplatz trafen wir zwei junge Mädchen. Zu unserem Erstaunen las eine davon in der Bibel. Ich fragte, ob sie Christinnen seien. Ja, sie waren es. Zu welcher Kirche sie denn gehörten? „Ja, wissen Sie, wir gehören zu einer komischen ganz kleinen Kirche." Welche das denn sei? „Die Evangelisch-methodistische Kirche." Sie waren nicht schlecht erstaunt, als ich ihnen eröffnete, vor ihnen stünde ein Pastor dieser komischen ganz kleinen Kirche. Wir unterhielten uns dann über die Sehenswürdigkeiten der Provence. Ich machte ihnen den Vorschlag, das Kloster Silvacane zu besuchen, das sei wirklich sehenswert. Sie wollten den Vorschlag beherzigen. Ein paar Tage später trafen wir die Beiden wieder. Ich fragte sie, ob sie das Kloster wirklich besucht hätten und wie es ihnen gefallen hätte. Es hatte ihnen gut gefallen. Nur, als sie zum Wagen zurückkehrten, mussten sie feststellen, dass jemand eine Scheibe eingeschlagen und die Kamera gestohlen hatte. Das dämpfte die Freude natürlich enorm.

In Avignon, der Stadt der Gegenpäpste, saß an einer Treppe ein Bettler und bat lautstark um ein Almosen. Ich sagte zu meiner Frau: „Ich wundere mich, dass diese Bettelei nicht verboten ist!" In perfektem Deutsch rief er uns nach: „Ist auch in Deutschland nicht verboten. Betteln ist besser als stehlen." Womit er natürlich recht hatte.

Flach wie ein Brett ist das Burgenland, wenn man es von der östlichen Seite des Neusiedlersees her betrachtet. Es ist ein Eldorado für Radfahrer. So zogen auch meine Frau und ich mit dem Fahrrad durch die Lande. An einer Kreuzung stutzte ich. Das ebenfalls fahrradfahrende Paar, das uns entgegenkam, kannte ich. Es war mein Dienstvorgesetzter, Hans-Albert Steeger, mit dem ich bis heute freundschaftlich verbunden bin. Er war ein Ausbildungspastor in der ersten Phase meiner Ausbildung gewesen und hatte in einer kritischen Situation in einer Gemeinde seine schützende Hand über mir gehalten. Das Erstaunen auf beiden Seiten war groß und wir vereinbarten ein gemeinsames Mittagessen in einem der führenden Restaurants im Burgenland. Im Nachhinein erschien mir das Treffen doch nicht so geheimnisvoll. Ich wusste doch, es gab im österreichischen Hellabrunn während unseres Urlaubs ein Treffen führender Pastoren und Laien meiner Kirche.

Das Burgenland ist eine bedeutende Weinregion. Man findet viele Weinsorten, die in dem heißen Klima prächtig gedeihen. So ist auch das kulturelle Leben vom Wein bestimmt. In Donnerskirchen besuchten wir eine Rezitation von Weingedichten. Ein Burgschauspieler gab sich die Ehre. Vor ihm stand ein großer Römer, voll mit Wein. Im Verlauf der fünf Viertelstunden wurde das Glas immer leerer und der Rezitator immer voller. Er behielt aber einigermaßen die Kontrolle über seine Artikulation. Nach dem Schlussapplaus erhielten wir die Einladung, zum Lutherkeller zu kommen. Donnerskirchen war lange Zeit eine lutherische Enklave im katholischen Umfeld gewesen; nur auf Druck der Katholiken gaben sie ihr Luthertum auf. Geblieben sind der Lutherkeller und der Lutherwein. Wir fanden uns um das große Lutherfass ein und vergnügten uns zunächst am Grünen Veltliner. Alle warteten darauf, dass der Schauspieler erschien. Nach einer Weile kam er, frisch gemacht und im Freizeitdress. Nun konnte der Höhepunkt kommen: die Verkostung einer Trockenbeerenauslese aus dem Jahr 1957, genannt Lutherwein. Der Wein war seines großen Namens würdig und wurde mit der entsprechenden Andacht genossen. Einer aus der Belegschaft des Lutherkellers fühlte sich zu der Bemerkung veranlasst, dieses alles sei doch viel schöner als in der Kirche. Da warf sich der Schauspieler in die Brust, hob sein Weinglas und sprach mit sonorem Bass die Worte: „Aber wir **sind** doch hier in einer Kirche!" Ich höre diese Worte immer noch in meinem inneren Ohr.

Unser Gastgeber wurde 68 Jahre alt. Zu seinem Geburtstag lud er uns ein. Wir sagten gerne zu. Da saß er nun also, vor sich eine Art Weinkarton mit verschiedenen Weinen seiner eigenen Produktion. Nicht nur er trank sie mit großem Genuss. Eine Flasche Rotwein hatte es ihm besonders angetan. Er schnalzte mit der Zunge und sagte die stolzen Worte: „Dees können d'Franzosen neet!" Wir kommentierten nicht, bewunderte aber das Selbstbewusstsein des Winzers. Am Abend ging es dann ich die Stube. Ungefähr 20 Personen saßen beisammen. Nach dem zugegeben exquisiten Abendessen füllten Gastgeber und Gäste die verbleibende Zeit mit Gesang. Wir waren beeindruckt. Sie sangen ein Lied nach dem anderen, alle Strophen und – bis auf eine Ausnahme – alle auswendig. Es war für uns ein großartiger Abend, bis jemand anfing, antisemitische Lieder zu singen. Keiner verbat sich diese Entgleisung. Es blieb uns nichts anderes übrig, wir mussten unter Protest den Raum verlassen. Genützt hat es nichts. Wir wurden von da an mit Geschichten über jüdischen Geschäftspraktiken traktiert, die in den Augen der Erzähler unfair und ausbeuterisch waren. In jeder dieser Geschichten hätte eine heutige Bank nicht anders gehandelt, ja, hätte nicht anders handeln können. Hier aber waren es die bösen Juden, die so Übles getan hatten. Unsere Auffassung interessierte die Leute nicht. Es war ein bitterer Wermutstropfen in unserem sonst so schönen Urlaub.

In unserem Reiseführer wurde ein Freilichtmuseum in Tatzmannsdorf empfohlen, das wir dann auch pflichtschuldigst besuchten. Nach dem Rundgang labten wir uns in einer Freiluftrestauration am Grünen Veltliner. An unserem Tisch saßen ältere Herrschaften, unter ihnen eine ältere Dame. Sie hatte eine Gitarre und fing an, Wiener Lieder zu singen und zu spielen. Was in Wien selbst nur noch schwer zu finden ist, wurde hier Ereignis: Ein Konzert im Altwiener Stil, und das noch unter freiem Himmel! Nach etlichen Liedern wurden andere Gäste animiert und sangen nun ihre Lieder, teils auch wieder aus Wien, teils aus der Steiermark. Die ältere Dame kannte jedoch mehr Lieder als alle anderen zusammen. Man musste ihr von Zeit zu Zeit ein Glas Grünen Veltliner oder Blaufränkisch zukommen lassen, aber dann erhob sie wieder ihre Gitarre und ihre Stimme. Es war, als wären Jahrzehnte verschwunden und wir säßen in Grinzing beim Heurigen und lauschten fröhlicher, manchmal gefühlvoller Musik.

Was dann kam, hat uns ein wenig erschüttert. Punkt fünf Uhr fuhr eine Art Transporter vor. Alle diese Menschen waren an ihrem Rollstuhl gefesselt und wurden in ihr Altersheim zurückgebracht. Als dies geschehen war, erzählte uns einer der Gäste, wir hätten es mit einer großen Wiener Sängerin zu tun gehabt, die Altwien noch selbst erlebt und gestaltet hätte. Wir zögerten keinen Augenblick, das zu glauben.

Es war 1988, die Weinwelt war noch erschüttert vom Weinskandal Österreichs, wo dem Wein Glykol zugesetzt worden war. Wir wollten die Weinwelt nun kennenlernen und mieteten uns in einer Pension ein, die am Rande der Wachau lag, in Maria Laach am Jauerling. Wir bereuten unsere Wahl in keinem Augenblick. Wir tranken wunderbare Alltagsweine, zum Teil noch aus dem „Doppler", einer Zweiliterflasche: Grüner Veltliner und Spätrot-Rotgipfler, trotz seines Namens ein Weißwein. Wir besuchten Weingüter, die uns als führend geschildert wurden. Wir tranken dort köstliche Welschrieslinge zu exquisiten Mahlzeiten.

Die Pension lag in einem Bauernhof. Hinter einer Absperrung grunzten Schweine, sehr zum Entzücken unserer kleinen Kinder. Wir stellten fest, dass unser Sohn sein Frühstücksei nur zur Hälfte selber verspeiste. Die andere Hälfte brachte er den Schweinen, die ohne diese Lebensmittelspende sicherlich verhungert wären.

Es war kein Hotelzimmer, es war eine Suite. Wir befanden uns in einem Hotel in Tschechien. Die Preise waren so günstig, dass wir uns diese Suite gut leisten konnten. Über drei Jahre hin waren wir dort zu Gast. Unsere Tage waren ausgefüllt mit Wanderungen und kulturellen Ereignissen. Die Tschechen ließen nichts aus, um uns den Aufenthalt so angenehm wie möglich zu gestalten. Einen Spaziergang werden wir nicht vergessen. Wir wähnten uns auf einem Rundgang. Aber wir kamen an eine Holzbrücke, die gesperrt war. Sie führte über einen Bach. Sie hatte ein Tor, das leider abgeschlossen war. Links und rechts sollten ohrenartige Hemmnisse die Überquerung des Baches verhindern. Wir beschlossen, sie in einem sozusagen artistischen Akt zu überwinden. Das klappte bei meiner Frau auch ganz gut. Aber als ich um da Hindernis herumturnte, fand ich mich plötzlich im Bach wieder. Die Brücke war zusammengebrochen. Ich war durchnässt. Wir stellten fest, dass sich hinter der Brücke ein Gasthof befand. Wir schlossen daraus, dass die Brücke dazugehörte. Klitschnass, wie ich war, betraten wir das Haus. Ich berichtete über mein Missgeschick; aber die Verständigung war nahezu unmöglich. Wir sprachen kein Tschechisch und sie kaum Deutsch. Ich hinterließ meine Adresse, um die Rechnung für Reparatur zu erhalten und zu bezahlen. Wir hörten nie wieder davon.

Nach dem Krieg machten wir Urlaub in Kroatien. Wir wohnten im Haus einer Familie, und wir wohnten dort gut. Der Hausherr war Direktor eines nun zerschossenen Hotels gewesen und verpflegte uns nach allen Regeln der Kunst. Auf unserem Frühstücksteller konnten auch einmal kleine, gesottene Fische liegen, am selben Morgen in der Adria gefangen. Wir fragten nach einem Konzert oder ähnlichem. Ja, das gab es in der Nähe. Dort hörten wir traditionellen Gesang vom Männerchor, vielstimmig, und auf den Grills lagen frisch gefangene Fische. Dass der Wein in Plastikbechern ausgeschenkt wurde, störte weiter nicht.

Eines Abends erloschen die Lampen. Die ganze Bucht war plötzlich ohne Licht. Ein mulmiges Gefühl beschlich uns. Wir waren immerhin in der Nachkriegszeit, wer weiß, was der Lichtausfall zu bedeuten hatte! Wir waren wohl nicht die einzigen, denen es so erging. Als in der ganzen Bucht die Lampen wieder angingen, erscholl von überall her johlender Beifall.

Südtirol begeisterte uns. Nach einer Freizeit in dieser gesegneten Region beschlossen wir, auf eigene Faust dort Urlaub zu machen. Wir fanden eine ganz kleine Pension, eher eine Hütte. Mit den Bewohnern lebten wir unter einem Dach, wir standen mit ihnen auf und nahmen mit ihnen das Frühstück und das Abendbrot ein. Tagsüber ließen wir uns mit Seilbahnen auf die Höhepunkte der Landschaft fahren, Höhepunkte im doppelten Sinn des Wortes. Auf einem Flohmarkt in Bozen kaufte ich ein Tamtam, da ist ein chinesischer Flachgong. Mit ihm kann man eine beträchtliche Lautstärke erzielen. Vor unserer Pension ließ ich das Gerät mit voller Kraft erschallen. Der Hausherr stürzte nach draußen, beunruhigt über den Krach, den er nicht kannte. Wir konnten ihn beruhigen.

Die Umgebung unserer Pension erkundeten wir zu Fuß. Ein Rucksack auf den Rücken geschnallt, und los ging es. Immer wieder lasen wir Schilder, dass das Abernten von Steinpilzen verboten sei. Die Italiener waren ganz begierig danach; und es bestand die Gefahr, dass die Population so zerstört werden könnte, dass es im Folgejahr keine Pilze mehr geben würde. Um diesen Raubbau zu verhindern, waren Forstaufseher unterwegs, die auffällige Personen zu kontrollieren hatten. Auf unserem Rückweg von einem dieser Erkundungsgänge hielt uns einer von ihnen mit den Worten an: „Pilzkontrolle. Öffnen Sie ihren Rucksack!" Wir kamen der Aufforderung natürlich nach und öffneten den Rucksack. Selbstverständlich fand der Aufseher nichts. Ich fragte ihn: „Wollen Sie auch meinen Fußpilz begutachten?" Er lachte und nahm Abstand von diesem Angebot.

Der Pastor und die Zeltmission

In meiner frommen Kindheit war es selbstverständlich: Wenn irgendwo in erreichbarer Nähe eine kirchliche Organisation ein Zelt aufgebaut hatte, waren wir dabei und besuchten die Abendveranstaltungen und die Nachmittage für Kinder. Die Inhalte, die da verkündigt wurden und die Art und Weise, wie sie verkündigt wurden, sind für mich heute nur noch schwer erträglich. Dennoch stimmte ich zu, als ich gebeten wurde, ein Missionszelt der Evangelischen Allianz zu unterstützen. Meine Gemeindeglieder hätten eine Weigerung auch nur schwer oder überhaupt nicht verstanden. Der Zeltevangelist erwies sich als brillanter Redner. Seine Inhalte waren für mich und meine Gemeinde akzeptabel. Nur einmal widersprach ich ihm, weil er nämlich behauptete, das Tier, das dem Menschen am meisten verwandt sei, sei das Schwein. Natürlich ging es um die Evolutionstheorie. Man mag dazu stehen wie mal will: Der nächste Verwandte des Menschen ist nun mal nicht das Schwein, auch dann nicht, wenn man mit dieser Behauptung stets Gelächter erntet.

Ansonsten hatte ich gut daran getan, diese Aktion zu unterstützen. Wir bekamen dadurch mehrere aktive Gemeindeglieder.

Der Wunsch entstand, ein eigenes Zelt aufzuschlagen. Ich kontaktierte das Missionswerk der Kirche und bestellte ein großes und ein kleines Zelt. Ich erhielt eine Zusage zu dem von uns favorisierten Termin. Auch der Platz, an dem wir das Zelt haben wollten, stand schon fest – es gab einen aufgegebenen Postsportplatz in unserer Nähe. Auf dem hatte schon mehrfach ein Festzelt gestanden, auch das Zelt der Evangelischen Allianz. Nur noch eine Formalie war zu erledigen: Es musste eine Genehmigung für den Zeltplatz eingeholt werden. Das brachte uns unerwartete Schwierigkeiten ein. Die Stadt wollte den Platz nicht genehmigen, weil sich darunter ein alter Schacht befand. Der zuständige Beamte hatte die Sorge, das Zelt könne in den Schacht durchbrechen. Ich machte ihn darauf aufmerksam, dass gerade dort Jahr für Jahr ein Festzelt stünde und es wohl angezeigt wäre, gleiches Recht für alle zu gewährleisten. Er antwortete, es ginge hier nicht um gleiches Recht für alle, sondern darum, dass das Festzelt über einen eigenen Boden verfügte und so der Druck auf den Schacht auf mehrere Quadratmeter verteilt wäre. Wir holten ein Gutachten ein, das die Bedenken der Behörde zerstreuen sollte. Es gab noch einige Diskussionen, doch schließlich hatten wir die Genehmigung.

Zur Vorbereitung gehörte eine Information an unsere Nachbarn. Ich entwarf dazu eine Einladung im Format DIN A 3 und gestaltete sie wie eine Zeitung. „Nachrichten aus der Kreuzkirche" nannte ich das Blatt. Damit klapperte ich die Häuser in der Umgebung ab, immer darauf hoffend, dass es zu einer persönlichen Begegnung komme. Aber die meisten Anwohner hatten einen Briefkasten und forderten mich per Gegensprechanlage auf, mein Produkt doch in dasselbe zu platzieren. In der Nachbarschaft gab es auch eine kleine freie Autowerkstatt, in der ich ab und zu Routinereparaturen an meinem Wagen vornehmen ließ. Der Betreiber konnte es nicht fassen und stammelte: „Post vom lieben Gott!" Er kam trotzdem nicht in unser Zelt, genauso wenig wie aller anderen Nachbarn.

Die beiden Zelte kamen und wurden mit Hilfe einiger Gemeindeglieder aufgebaut. Da erschien besagter Beamter und schaute sich die Sache an. Er war nicht zufrieden. Diesmal bemängelte er, dass die Stühle freistanden und jeder einzelne bewegt werden konnte. Feste Bänke seien erforderlich. Wir einigten uns darauf, dass die Stühle mit langen Dachlatten gesichert würden. Ich erwartete allerdings, dass der Beamte nie wieder erscheinen würde und unterließ diese überflüssige Maßnahme. Damit hatte ich auch recht.

Das Zelt hatte enthielt natürlich kein Musikinstrument. Früher begleiteten die Posaunenchöre den Gesang; aber wo gibt es noch kirchliche Posaunenchöre! Ein Klavier musste her! Das Klavier in unserem Gemeindezentrum war so alt, dass ein etwaiger Verlust an Qualität nicht viel ausmachen würde, aber noch so gut intakt, dass es den Gemeindegesang gut begleiten konnte. Dieses Instrument sollte in das Zelt verfrachtet werden. Der Transport mit einer entsprechenden Firma wäre teuer gekommen. So beschlossen wir, mit eigenen Kräften das Klavier an den Ort seines Einsatzes zu bringen. Wir besorgten uns zwei Laufkatzen, hievten das Klavier darauf und zogen damit durch die Straße. Viele Jugendliche begleiteten diese ungewöhnliche Fuhre, so dass das Ganze einem Triumphzug glich.

Das Motto unserer Missionswoche lautete: Von 10 bis 10. Damit war gemeint, dass das Programm um zehn Uhr morgens mit einem gemeinsamen Frühstück der Mitarbeiter begann. Dazu wurde ebenfalls öffentlich eingeladen. Es waren nicht viele Außenstehende, die daran teilnahmen, aber einen kann ich mich gut erinnern. Er kam in seinem Rollstuhl herangefahren. Er fragte mich nach meinem Namen. Als ich ihn nannte, bemerkte er, dieser Name käme von Lück, und das sei eine Abkürzung von Ludwig. Im Zeitalter des Internets prüfte ich diese Ansicht und fand sie im Wesentlichen bestätigt. Das Vormittagsprogramm begann, zum Ende hin gab es ein gemeinsames Mittagessen. Der Nachmittag wiederum enthielt Programme für Kinder und Senioren. Ich zeigte, von zehn bis zehn, zehn Filme von Krzysztof Kieślowski mit dem Titel Dekalog, eine Fernsehreihe, die für jedes Gebot einen Film enthält.

Am Abend gab es die Vorträge, die ein Pastor hielt, der sehr aufgeschlossen auf die gegenwärtigen Probleme reagierte und aus Überzeugung auf Seelenmassage verzichtete. Gleichzeitig fanden im kleinen Zelt Veranstaltungen für Jugendliche statt. Einige von ihnen kamen lange in unseren offenen Jugendkreis. Um zehn Uhr abends endete das Programm. Dass die Missionswoche zehn Tage dauerte, versteht sich von selbst. Überraschend war, dass ich eines Abends auf das Podium gebeten wurde. Ein Vertreter der Gemeinde gratulierte mir zum zehnjährigen Jubiläum meines Dienstes in der Gemeinde. Mehr gab es zum Thema zehn nun wirklich nicht zu sagen.

Wir erlebten eine Störung durch rechtsradikale Besucher. Sie kamen, zeigten den Hitlergruß, riefen irgendwelche rechten Parolen in das Zelt und grölten die erste Strophe des Deutschlandliedes. Ich rief in das Zelt hinein: „Wir singen Nun danket alle Gott!" Ich setzte mich ans Klavier, die Neonazis grölten weiter, ich griff mit Wucht in die Tasten, die versammelte Gemeinde stimmte lautstark mit ein – dem war die rechtsradikale Horde nicht gewachsen. Sie verstummten – ich wurde allerdings den Verdacht nicht los, dass sie die ganze Strophe einfach nicht auswendig kannten. Als unser Lied zu Ende war, empfahlen sie sich mit der Androhung: „Wir kommen wieder!" Sie kamen aber nicht wieder.

Von zehn bis zehn war ein Programm, das uns kaum Gemeindewachstum einbrachte. Aber es schweißte die Gemeinde zusammen – das allein rechtfertigte den Aufwand.

Der Pastor und die Jugendgruppen

Die Zeltevangelisation bewog tatsächlich etliche Jugendliche, unserer Jugendarbeit beizutreten. Das war mir hoch willkommen.

Meine Jugendarbeit in der Gemeinde, um die geht, war nicht von Erfolg gekrönt. Ich fand nur schlecht den Weg zu den Herzen der jungen Leute. Das lag daran, dass ich Konzepte, die bei anderen Jugendgruppen gegriffen hatten, übertragen wollte. Damit erlitt ich Schiffbruch – wie es vorhersehbar gewesen wäre. Außerdem waren die Jugendlichen von einem Vorgänger nach allen Regeln der Kunst verwöhnt worden. Das konnte und wollte ich nicht leisten. So blieben nach und nach etliche von den jungen Leuten fern. In der Gemeinde gab es dafür kein Verständnis.

Nun also kamen die Jugendlichen aus der Zeltmission in unsere Jugendgruppe. Das war eine Herausforderung. Der eine oder andere war mit großem Eifer und Treue bei der Sache. Bei anderen war es schwierig. Es musste schon ein Programm erstellt werden, das hundertprozentig ihren Erwartungen entsprach. Schwierig war es auch mit geistlichen Inhalten. Einer röhrte, wenn auch nur der Verdacht aufkam, dass etwas Christliches gemeint sein könnte, ein lautstarkes „Amen!" in die Runde und freute sich noch daran. Das hörte allerdings auf, als ich ihm die Bedeutung dieses Wortes erklärte: „So soll es sein! heißt das auf Deutsch." Damit hatte er nicht gerechnet. Ich hörte es von ihm nicht wieder.

Ein anderer Jugendlicher fuhr mit mir im Auto mit. Als wir an einem Hochhaus vorbeikamen, sagte er: „Dort wohnt der schlimmste Verbrecher, den ich kenne." Ich fragte: „Dein Vater?" Er nickte.

Die obligatorische Andacht hielt eine junge Frau, die gern mit mir zusammenarbeitete. Ich war von ihren Beiträgen nicht erbaut. Sie waren korrekt, aber gingen an den Jugendlichen vorbei. Nach einer solchen Schlussandacht bat ich sie in mein Dienstzimmer. Wir setzten uns und ich fragte sie: „Was willst du eigentlich mit den Andachten erreichen? Ich habe nicht das Gefühl, dass sie gut ankommen." Sie entgegnete: „Gott sei Dank, dass mich überhaupt mal jemand danach fragt! Ich dachte schon, es interessiert niemanden, was ich da tue." Wir haben dann gemeinsam nach neuen Wegen gesucht, die Jugendlichen mit dem Wort Gottes zu erreichen. Ob wir das richtige Konzept entwickelt hatten bezweifle ich. Von den Jugendlichen jedenfalls kam niemand zu den Gottesdiensten.

Mit dieser Gruppe unternahm ich eine Wochenendfreizeit. Etliche waren schon 18 Jahre oder noch etwas älter. Der Verlobte einer Teilnehmerin war auch dabei. Als am Samstagabend das Programm zu Ende war, saßen wir noch zusammen, der Jugendleiter, der Verlobte und ich. Wir spielten ein Würfelspiel und vereinbarten, dass der Verlierer jeweils einen Schluck Bier zu trinken hatte. Aus Gründen der Kameradschaft spielte ich mit. Jedoch trank ich keinen Schluck Bier, sondern markierte nur. Gegen Mitternacht gingen wir zu Bett. Die beiden Mitspieler waren hör und sichtbar betrunken.

Am nächsten Vormittag sollte die Heimreise stattfinden. Einer der beiden vom Vorabend setzte sich wie selbstverständlich hinter das Steuer. Ich befahl ihm, wieder auszusteigen. Er wusste nicht warum. Ich erklärte ihm, dass er am Abend vorher zu betrunken gewesen sei. Er meinte, das sei doch längst vergessen, er habe doch geschlafen, und ich hätte schließlich auch getrunken. Ich offenbarte ihm, dass ich nur so getan hatte und stocknüchtern zu Bett gegangen sei. Er und der dritte im Bunde hätten indes ihren Zustand so deutlich gezeigt, dass sie mindestens 2,5 Promille intus gehabt hätten. „Der Körper", so dozierte ich, „kann höchstens 0,1 Promille pro Stunde abbauen. Um 12 Uhr in der Nacht seid ihr schlafen gegangen und jetzt ist es 10 Uhr. In diesen zehn Stunden habt ihr also 1,0 Promille abgebaut. 2,5 Promille minus 1 Promille ergibt wieviel? Richtig! Ihr habt noch 1,5 Promille Alkohol im Blut und damit lasse ich dich nicht fahren. Ich fahre selbst!" Sie waren ein wenig verlegen, aber der Fahrer stieg widerspruchslos aus und überreichte mir den Schlüssel. Er konnte in dem Wagen, in dem ich auf dem Hinweg zur Freizeit mitgenommen worden war, meinen Platz einnehmen.

Ob die Promillezahlen wirklich realistisch waren oder ich sie doch eher zu hoch eingeschätzt hatte, wird wohl für immer ein Geheimnis bleiben. Entscheidend war, dass die Gruppe ohne Unfall und Schaden nach Hause kam.

Für mich nicht ganz so glimpflich verlief eine andere Freizeit, die ich leitete. Hier war es allerdings nicht das Bier, sondern der Kaffee, der der mir ziemlich große Schmerzen bereitete. Dabei war ich selbst daran schuld. Denn jeden Morgen, bevor die anderen aufgestanden waren, machte ich den Kaffee. Es war Filterkaffee. Die Filter waren aus Plastik. Bei einigen war der Ring, der den Filter auf der Kanne hält, zur Hälfte abgebrochen. So hatte ich jeden Morgen das Vergnügen, einen Balanceakt zu vollführen. Eines Morgens aber klappte es mit dem Balanceakt nicht, einer der Filter fiel um und verbrühte mir die Finger meiner linken Hand. Es war ein ungemein großer Schmerz. Einer der Teilnehmer bot mir an, mich zu seinem Zuhause zu bringen, seine Mutter wisse vielleicht, wie man damit umgehen müsse. Während der Fahrt hielt ich meine Hand in den Fahrtwind – die einzige Möglichkeit, den Schmerz auszuhalten.

Die Mutter wusste tatsächlich Bescheid und machte mir einen lindernden Verband. Am Tag darauf suchte ich einen Arzt auf, der mir einen Verband sachgerecht anlegte und mir ein Schmerzmittel verschrieb.

Zusammen mit ein paar Mitarbeitern leitete ich eine Freizeit in Dänemark. Die meisten Jugendlichen, die dabei waren, hatten keinerlei Kontakt zu einer Kirche oder Gemeinde. Entsprechend schwierig war die Programmgestaltung. Oft war es nur schwer möglich, sich überhaupt Gehör zu verschaffen. Ein dänisches Ehepaar, das ganz gut Deutsch konnte, half in geradezu selbstloser Weise. Am Ende der Freizeit waren wir uns einig: Wir laden die beiden zu einem Abendessen im nahegelegenen Kro ein, so heißt in Dänemark ein Restaurant. Nun sind in Dänemark die Preise in den Kroer (so der dänische Plural) sehr hoch. Was das dänische Ehepaar bestellte, weiß ich nicht mehr, wohl aber, dass ich das preiswerteste Gericht orderte, das auf der Hauptkarte stand: Schaschlik. Was ich nicht wusste: Der halbe Spieß bestand aus Leberstücken. Ich bin nicht heikel beim Essen und esse so ziemlich alles, was auf der Erde wächst und kreucht und fleucht – nur eines ist mir widerwärtig: die Leber. Vor allem dann, wenn sie durchgekocht ist, wie es hier der Fall war. Ich zögerte einen Augenblick. Aber dann entschloss ich mich, mir nichts anmerken zu lassen. Ich wollte doch die Atmosphäre nicht verderben! So aß ich mit Widerwillen die ungeliebte Speise, und es gelang mir auch, das Gesicht nicht dabei zu verziehen. Ein Fan von Leber bin ich dadurch nicht geworden.

Der Pastor und der Kirchliche Unterricht

„Du siehst aus wie eine wiederkäuende Kuh!" Damit strafte ich das ständig kaugummikauende Mädchen in der Gruppe für den Kirchlichen Unterricht. Tatsächlich war die Ähnlichkeit nicht von der Hand zu weisen. Das Kaugummi wurde ausgespuckt und in einem Taschentuch geborgen. Das nächste Mal war es dasselbe. Es entspann sich ein ständiger Kampf zwischen dem Mädchen und mir. Auch die anderen jungen Damen spielten mit. Wenn es einer von ihnen gelungen war, den Kaugummi im Mund zu behalten, ohne dass ich es bemerkt hätte, fühlten sie sich alle als Siegerinnen. Ich ließ sie öfters einmal gewinnen. Einer von ihnen zahlte ich es heim. Jahre später musste ich sie verabschieden. Die mittlerweile junge Frau ging in eine andere Großstadt, um dort eine Lehre zu beginnen. Ich kaufte ihr einen Zinnbecher und füllte diesen mit Kaugummi. Sie öffnete das Paket, entdeckte das Kaugummi, verstand und lachte schallend.

„Wir haben Kirchenglieder von Ihnen bei uns. Können Sie sich vielleicht einmal darum kümmern?" Tatsächlich gab es am Rand der Gemeinde eine Familie, die zu uns gehörte, ohne dass ich es wusste. Sie war aus Eritrea geflüchtet und war schwarzhäutig. Das ist deshalb wichtig, weil sich daraus eine gewisse Komplikation ergab. Der Junge, der in meinem Kirchlichen Unterricht auftauchte, hatte die patriarchalische Gesellschaftsordnung seines Heimatlandes innerlich aufgenommen und benahm sich in der Gruppe sehr dominant. Ich wollte das nicht hingehen lassen. Als seine Arroganz eines Tages wieder einmal unerträglich war, beschloss ich, ihn zu strafen. Ich sagte: „Du bist hier wohl der Größte, wie?" Er antwortete: „Ja, ich bin der Größte." Ich: „Komisch, dass wir das gar nicht merken. Am besten ist, du stellst dich mal auf deinen Stuhl, damit alle sehen: Du bist der Größte." Er stieg tatsächlich auf seinen Stuhl. Nach einer Weile wollte er wieder absteigen; ich ließ es nicht zu. Bis zum Ende des Unterrichtes musste er auf seinem Stuhl stehenbleiben. Seine Arroganz war danach spürbar gesunken.

Der Pastor und seine Kindergruppe

Zu unserer Gemeinde gehörte eine Kindergruppe, die von zwei Jugendlichen aus der Gemeinde geleitet wurde. Als sie ihren Dienst aufgaben, engagierte ich eine junge Frau aus unserem Bekanntenkreis. Es war keine sehr glückliche Wahl, das wusste ich. Mein Kollege im Ruhestand suchte mich dann auch auf und beschwerte sich, dass das Mädchen während der Kinderspiele im Freien rauchte. Außerdem sei ihm so oder so nicht viel Gutes hinterbracht worden. Ich verstand ihn gut. Aber wer sollte die Gruppe denn leiten? Spontan, aus einer Eingebung heraus, sagte ich: „Ich werde die Gruppe selbst leiten." Zwei Minuten vorher hatte ich davon noch nichts gewusst. Aber diese schnelle Entscheidung war goldrichtig. Die Gruppe wuchs, und wir hatten viel Spaß miteinander. Eines Tages, ich hatte gerade meinen 33. Geburtstag gefeiert, kam ein Dreikäsehoch auf mich zu und sage: „Du, Herr Lüken, wir haben eine neue Lehrerin, und die ist schon ganz alt." Ich fragte: „Wie alt ist sie denn, so alt wie ich?" – „Nein," antwortete das Kind, „so alt auch wieder nicht."

Bewegend war, dass ein Mädchen mit Trisomie 21 mit großer Freude an den Gruppenstunden teilnahm. Dabei war auch ein Junge, dessen Bewegungsdrang nicht zu stoppen war. Er konnte keine Minute stillsitzen und störte damit die Gruppe. Eines Tages wurde es mir zu viel. Ich nahm den Jungen auf den Schoß und hielt ihn fest. Er wollte sich aus der Umklammerung herauswinden, aber ich ließ das nicht zu, sondern hielt ihn dicht an mich gedrängt. Nach einer Weile beruhigte er sich. Ich wartete noch ein paar Minuten, dann ließ ich ihn los. Er war wie verändert. Er störte die Gruppe nie mehr über ein kindlich-normales Maß hinaus. Er hatte diese Nähe gebraucht.

Ich beschloss, ein Kinderfest an einem Sonntag zu veranstalten. Der Gemeindevorstand war nicht begeistert. Er gab zögernd seine Einwilligung erst, als ich sagte, ich würde alle Vorbereitungen selbst treffen. Ich war dann acht Tage damit beschäftigt, das Kinderfest vorzubereiten. Ich lieh mir Spielgeräte aus, machte alte Spiele wie Eierlauf und Sackhüpfen möglich, sorgte für eine kindgerechte Verpflegung. Der Erfolg war groß. Kinder und Erwachsene fühlten sich wohl und hatten viel Spaß.

Im nächsten Jahr plante ich wieder ein Kinderfest. Aber diesmal taten die Verantwortlichen, als sei das selbstverständlich. Einige Jugendliche sagten ihre Mitarbeit zu. Ich brauchte nur noch zwei Tage zur Vorbereitung. Im dritten Jahr sagten meine Jugendlichen zu mir: „Warum willst du eigentlich unbedingt an der Vorbereitung des Kinderfestes teilnehmen? Das können wir prima selbst!" Sie konnten es und veranstalteten von nun an Jahr für Jahr das Kinderfest.

Ganz heraushalten konnte ich mich dann doch nicht. Ich besorgte Luftballons und Helium, beschrieb kleine Zettelchen, die wir dann an den Luftballons befestigten. Ich bat darauf den etwaigen Finder, das Kärtchen mit der Ortsangabe zurückzusenden. Es kamen auch einige Kärtchen zurück. Später übernahm dies Ulrich Kilian. Ich sehe ihn noch vor mir, über das ganze Gesicht strahlend wie ein sattes Baby.

Ich tat dann etwas, das mich in meiner Kindheit begeistert hatte. Ich nahm einen alten Mantel und befestigte mit Hilfe eines Hefters viele Bonbons daran. Ich zog den auf diese Weise präparierten Mantel an und begab ich mich in die Kinderschar. Die Kinder merkten natürlich sofort, dass es da etwas zu ergattern gab. Aber so schnell ging das nicht. Ich nahm Reißaus, die Kinder hinter mir her. Sie pflückten einen

Bonbon nach dem anderen ab. Ich tat dann, als hätten mich die Kinder vollends besiegt und ließ mich fallen. Da konnten sie mir sämtliche Bonbons rauben.

Noch Jahrzehnte später erzählten mir altgewordene Gemeindeglieder, wie ich als Bonbononkel über die Wiese gelaufen war. Wenigstens das war ihnen von meinem jahrelangen Dienst in Erinnerung geblieben.

Der Pastor und die Bibel

Dass die Bibel in der Hand jedes Pastors liegt, versteht sich von selbst. Mein eigener Kontakt zur Bibel geschah sehr viel früher. Ich war sieben Jahre alt und konnte lesen. Aber nur laut. Eine schwere Krankheit zwang mich in ein Kinderkrankenhaus. Dort las ich unentwegt, darunter auch die Kinderbibel von Anne de Vries. Das erregte die Neugier meiner kleinen Kameradinnen und Kameraden, die mit mir das Krankenzimmer teilten. Sie fragen mich, was das denn für ein tolles Buch sei, aus dem ich unentwegt vorlas. Aus einem mir nicht mehr nachvollziehbaren Grund scheute ich mich, das Buch Bibel zu nennen und behalf mich, indem ich sagte: „Das ist Gottes heiliges Wort." So hatte ich neben dem Vergnügen, in der Kinderbibel zu lesen, auch noch einen kleinen missionarischen Beitrag geleistet.

Nebenbei erfuhr ich, was ein Doublebind ist. Man bezeichnet damit eine Situation, in der man tun kann, was man will, entweder stört es den einen Partner oder den andern. Beiden rechtmachen kann man es nicht. Ich lag zwischen zwei Kindern. Drehte ich mich dem einen zu, schimpfte das andere und umgekehrt. Auf dem Rücken zu liegen war mir unmöglich.

Als erwachsener Pastor war ich wieder für ein paar Tage im Krankenhaus. Ich kam mit einer jungen Frau ins Gespräch und wollte auch hier ein wenig missionieren. Ich sprach mit ihr über meine Erfahrungen: Dass ich mich in Gottes Hand sicher fühlte, weil Jesus für mich gestorben sei. Sie schaute mich völlig befremdet an, als käme ich von einem anderen Stern. Nach einer Pause fragte sie mich nach meinem Beruf. Ich berichtete ihr, dass ich Pastor sei. Da fiel eine Last von ihren Schultern und sie sagte: „Ach so, Sie sind Pastor!" Meine Worte konnte sie nun einordnen – als Pastor musste ich ja wohl solche Dinge sagen.

Wegen einer Kleinigkeit suchte ich den Arzt auf. Das Wartezimmer war voll. Eine nicht mehr ganz junge Frau suchte nach einem Lesestoff. Sie fand keinen, denn alle Zeitschriften waren in den Händen der anderen Wartenden. Nur eine Bibel lag noch auf dem Tisch. Ich sagte: „Lesen Sie doch in der Bibel!" Sie darauf: „Ach nein, ich möchte noch nicht sterben." – „Sie sollen auch nicht sterben; das ist ein Buch des Lebens!" Aber sie langweilte sich lieber. Die Bibel und der Tod, die waren für sie wohl unablösbar miteinander verbunden.

Ich studierte zunächst Musikwissenschaft. Als ich mich entschloss, meiner inneren Berufung zu folgen und Pastor zu werden, erregte dies das Unverständnis meiner studentischen Freunde. Einer meinte sogar, die Bibel sei doch ein sehr rückständiges Buch, kaum mehr ernst zu nehmen. Ich dachte: Warte nur, Freundchen, ich kriege dich noch! Bei unserem nächsten Treffen brachte ich eine Bibel mit. Ich wollte ihm etwas vorlesen. Ich wählte einen Abschnitt aus dem Buch Prediger, dem Buch, in dem die Sterblichkeit des Menschen beklagt und der Mensch zum Lebensgenuss aufgefordert wird. Ich wählte das neunte Kapitel, in dem auch noch die Nutzlosigkeit moralischer Einstellungen für ein gutes Leben behauptet wird. Mein Freund hörte mit offenem Mund zu. Er kommentierte: „Das kann nicht in der Bibel stehen! Unmöglich!" Ich zeigte ihm den Text. Er war nicht überzeugt: „Das hast du da hineingeklebt!" Ich schlug meine Bibel wieder zu.

Ähnlich erging es mir im Jahr mit der Bibel 1992. Hier sollte der ganze Reichtum biblischer Schriften gefeiert werden. Ich bekam den Auftrag, einen Bibel-Abend im Foyer der Volksbank zu organisieren. Ich setzte mich mit Wilfried Szubries und Ingrid Hoppe zusammen; beide gehörten ja zu meinem Freundeskreis. Gemeinsam suchten wir Texte aus, die sich für den öffentlichen Vortrag eignen. Es kam eine stattliche Anzahl zusammen, bekannte und weniger bekannte Ausschnitte aus dem Buch der Bücher. Außerdem sollte das Ganze auch so verständlich sein, dass der Hörer mühelos würde folgen können. Die Schöpfungsgeschichte gehörte dazu, Psalmen in Ausschnitten, prophetische Texte, Ausschnitte aus der Bergpredigt und so weiter. Ich hatte natürlich auch Ausschnitte aus dem Hohenlied zusammengestellt, jener Sammlung von Liebesliedern mit ihrer bildkräftigen Sprache. Hinzu stellte ich die Geschichte, in der die zutiefst liebende und trauernde Maria Magdalena dem auferstandenen Herrn begegnet und vor Freude die Sprache verliert. In dieser Zusammenstellung erhellen sich die Texte gegenseitig.

Die Verse aus dem Hohenlied hatte ich so ausgewählt, dass sich daraus ein Dialog zwischen Mann und Frau ergab, von der Liebe verzaubert. Am Nachmittag zuvor probten wir den Auftritt. Während die Darsteller ihre Texte in gegenseitiger Zuwendung wie ein Gespräch unter Liebenden rezitierten, betrat der Bankdirektor den Raum. Ich beobachtete, wie sein Unterkiefer langsam nach unten sank. In einer Sprechpause flüsterte er mir zu: „Ich dachte, es sollten Texte aus der Bibel vorgelesen werden!" Es bereitete mir Genugtuung, dass ich antworten konnte: „Aber die **sind** ja aus der Bibel!" Der Bankdirektor hörte noch eine Weile zu und verschwand dann wieder.

Der Pastor im Ruhrpott

Meine erste Stellung war in Essen. Es war kein glückliches Jahr. Ich erwies mich als ziemlich orientierungslos. Ich hatte kaum Selbstorganisation. Ich konnte nur wenig zur Überwindung meiner Vergesslichkeit beitragen. Ich wurde krank, schämte mich aber dessen und verschwieg es meinem Vorgesetzten. Es war teilweise eine reine Katastrophe. Dennoch hatte ich einige Erlebnisse, die es verdienen, festgehalten zu werden. Die Anekdoten dienen nicht dazu, die Menschen, die damals im Ruhrpott lebten, herabzusetzen. Ich habe viele wunderbare Menschen in Essen kennengelernt. Aber es ist nun mal so, dass es auch hier Missverständnisse und Ignoranz gibt wie an jedem anderen Ort der Welt auch.

Ich kaufte Briefmarken in einem Kiosk. Als ich bezahlt hatte, wollte ich noch einen Scherz weitergeben. Ich fragte: „Wissen Sie eigentlich, von was die Post lebt?" Sie schaute etwas ratlos drein. „Ja, sehen Sie, eine Briefmarke kostet fünfzig Pfennig. Sie wird auch für fünfzig Pfennig verkauft. Ohne Aufschlag. Ja, wovon lebt die Post denn eigentlich?" Sie antwortete: „Darüber habe ich noch gar nicht nachgedacht. Das weiß ich nicht." Ich daraufhin: „Ich will es Ihnen sagen. Eine Fünfzig-Pfennig-Marke ist für Briefe bis 20 Gramm. Nun wiegt aber nicht jeder Brief 20 Gramm. Manche wiegen nur zehn Gramm oder fünfzehn Gramm. Sehen Sie, von diesem Unterschied lebt die Post." Sie lachte nicht, wie ich erwartet hatte, sondern sagte: „Ja, da haben Sie aber recht! So ist das also!" Ich verbiss mir das Lachen über das ausgebliebene Lachen, bis ich draußen war. Sie hatte meine Scherzfrage ernstgenommen.

Ich schlenderte über den Wochenmarkt. Ich brauchte Käse und trat an einen entsprechenden Stand. Ich studierte die verschiedenen Etiketten an den Käselaiben. Ich war etwas unschlüssig. Ich zeigte auf einen bestimmten Käse und fragte den Verkäufer: „Wieviel Fett in der Trockenmasse enthält dieser Käse?" Er antwortete: „Das kann ich Ihnen wirklich nicht sagen. Der ganze Laib hat 45 Prozent, aber wieviel das kleine Stück hat, weiß ich nicht."

Ich leitete in Essen eine Jugendgruppe. Es waren vornehmlich Jugendliche, die aus unteren sozialen Schichten stammten. Einige waren schon 18 Jahre alt. Da gab es auch Konflikte. Es waren meistens Hahnenkämpfe, die aufhörten, sobald die Mädchen den Raum verließen. Ich war nicht immer begeistert davon. In der Kneipe nach der Jugendstunde gab es oft ein Friedensangebot. Das bestand darin, dass der Jugendliche ebenso wie ich ein Glas Bier vor sich stehen hatte. Der Jugendliche hob das Glas und hielt es mir auffordernd hin. Ich

143

zögerte ein paar Augenblicke. Dann stieß ich mit ihm an. Das war das Zeichen der Versöhnung.

Wenn es ans Bezahlen ging, wunderte ich mich oft nicht nur über die Höhe der Zeche. Es fiel mir auch auf, dass der Jugendliche so zahlte, dass es jeder sehen konnte. Erst später wurde mir klar, dass es sich dabei um ein Statussymbol handelte: Schaut mal, wieviel Geld ich ausgeben kann! Bin ich nicht reich, bin ich nicht großzügig?

Ich wohnte in einem Haus mit einer Kneipe im Erdgeschoss. Oft ging ich auf ein Bier hinein. Manchmal traf ich einen älteren Mann; wir begannen, uns zu grüßen. Wir sprachen dann auch miteinander; er war ein Bergmann in Rente. Als ich sagte, ich sei Pastor, drehte er auf und sagte: „Du bist also ein Gebildeter. Kannst Du denn auch Gedichte aufsagen?" Ich konnte es nicht. Aber eine kleine Passage aus Goethes Faust konnte ich auswendig. Ich sagte sie her und dachte, damit sei mein Gesprächspartner zufrieden. Er war es aber nicht. Er sagte: „Das ist alles?" Ja, das war alles. Da begann er zu rezitieren. Wieviel er aus Goethes Faust auswendig kannte, war bewundernswert. Ich wurde dabei ganz klein und zog meinen Hut vor so viel begeisterter Bildung bei einem scheinbar einfachen Mann.

Ähnlich erging es mir bei einem Hausbesuch. Die schon bejahrte Frau besuchte regelmäßig die Gottesdienste, doch ihren Ehemann hatte ich noch nie gesehen. Nun lernte ich ihn kennen. Auch er war Bergmann in Rente. Er erwies sich als kompetent in politischen und philosophischen Fragen, er konnte mich fast an die Wand argumentieren. Als ich mich umschaute, entdeckte ich in seinem Bücherregal „Das Prinzip Hoffnung" von Ernst Bloch. Über dieses Werk hatte ich mal gearbeitet und kannte mich gut aus. Im Gespräch darüber ergab sich: Er auch!

Der Pastor und die Selbsthilfegruppe

Ganz am Anfang meines Dienstes in einer bestimmten Gemeinde sah ich bei einem Bazar, den wir veranstalteten, ein älteres Ehepaar. Mann und Frau erschienen mir wie die Karikatur eines Ehepaares aus dem 19. Jahrhundert. Er war etwas beleibt und hatte vorne gewellte Haare. Sie war kleiner als er und hatte eine feste Miene, die auf feste Durchsetzungsfähigkeit schließen ließ.

In der Woche darauf lernte ich sie besser kennen. Das Ehepaar mit Namen Brotzer leitete eine Selbsthilfegruppe, die einmal im Monat in unserem Hause stattfand. Die Menschen, die sich trafen, litten unter Osteoporose. Ich war selbstverständlich eingeladen und durfte zum Eingang auch eine Andacht halten. Es folgte das Kaffeetrinken mit Kleingebäck. Manchmal spielte zur Überbrückung ein kleines Ensemble mit Flöten, die durch Form und Farbe verrieten, dass sie aus Kuhhörern hergestellt worden waren. Danach gab Vorträge über die Chancen, mit der Krankheit zu leben. Es waren ganz verschiedene Aspekte; ich hörte gern zu.

Im Advent verkleidete sich der Mann als Nikolaus. Er trug ein klassisches Bischofsgewand mit Priesterhut und hatte im Gesicht einen weißen Vollbart. In dieser Aufmachung feierte er mit den Mitgliedern seiner Truppe eine klassische katholische Nikolaus-Messe. Nur die Eucharistie fehlte. Die Pfarrer und Pastoren, die dazu eingeladen worden waren, wurden spontan aufgefordert, freie Gebete zu sprechen. Das erste Mal war ich ganz schön erschrocken als ich plötzlich meinen Namen hörte. Aber ich war nicht auf den Mund gefallen.

Einmal nahm ein Geistlicher aus der sehr konservativen Pius-Bruderschaft an der Feier teil. Er war entsetzt, dass ein Laie eine solche Messe leitete. Das durften doch nur ordinierte Priester. Er sagte zu mir: „Weiß er überhaupt, was er da tut?" Ich kommentierte das nicht.

Wenn diese Zeremonie zu Ende war, ging es an das Austeilen von Geschenken. Der Leiter forderte das ganze Jahr über Werbematerialien verschiedener Firmen an, meistens aus dem Bereich der Pharmazie. Darunter waren Schreibblöcke, aufwändige Prospekte, Kalender, Proben von Nahrungsergänzungsmitteln, Bücher und vieles andere mehr, vor allem Kugelschreiber. Durchaus wertvolle Dinge konnten dabei sein – aber das meiste war von minderer Qualität oder mit kleinen Schäden behaftet. Die Bescherung zog sich lange hin. Objekt für Objekt wurde verteilt. Das konnte länger als eine Stunde dauern. Ich wurde in die Bescherung mit einbezogen. Mein Bestand an Kugelschreibern nahm gewaltig zu. Alle waren mit Aufdrucken aus der Pharmazie oder der Heilkunde versehen. Man hätte meinen können, ich sei Arzt oder Apotheker. Leider entsprach die Qualität der Schreibwerkzeuge nicht immer derjenigen, die man von einem medizinischen Erzeugnis erwartet.

Mitten in einer solchen Nikolausfeier klopfte es an der Tür. Herein kamen zwei Kinder mit ihrer Mutter. Es waren Nachbarn, die in unsere Kirchenfenster schauen konnten. Einer ihrer Jungen war ganz aufgeregt zu seiner Mutter gerannt und hatte ihr gesagt, dass der Weihnachtsmann zu uns gekommen sei. Den wollten sie aus der Nähe sehen! Selbstverständlich durften sie bleiben und auch die Geschenke in Empfang nehmen. Ich dachte, sie würden wegen etwa aufkommender Langeweile nicht wiederkommen. Doch von da an waren sie Jahr für Jahr dabei. Den scheinbar so echten Weihnachtsmann zu erleben war so faszinierend, dass bei ihnen Langeweile gar nicht erst aufkam.

Als der Nikolaustag auf einen Sonntag fiel, bat ich Brotzer, mir das Nikolauskostüm zu leihen. Das tat er gern. Er selbst wohnte dem Gottesdienst auch bei. Gegen Ende sollte die Kollekte eingesammelt werden. Ich bat ihn darum, und er tat es. Aber nach dem Gottesdienst sagte er, das habe es noch nie gegeben und werde es wohl auch nicht wieder geben, dass ein in der Wolle gefärbter Katholik in einer Freikirche die Kollekte einsammelt.

Ein Kollege verriet mir: „Brotzer ist seiner Frau unbedingt unterlegen und wird von ihr total beherrscht, der arme Kerl." Das war ihm klargeworden, als Brotzer zwei Pfandflaschen fand. Er strahlte vor Freude und sagte: „Dreißig Pfennig, von denen meine Frau nichts weiß!" Er wurde halt auch finanziell sehr kurzgehalten.

Die Gesundheit Eine Frau Brotzer' verschlechterte sich zusehends. Am Ende kam sie kaum noch in den Raum, in dem der Nachmittag stattfand. Dieser befand sich in der zweiten Etage. Sie weigerte sich, den Aufzug zu benutzen und wurde in ihrem Rollstuhl von Mitarbeitern des Roten Kreuzes in den Saal bugsiert. So weit, so gut. Am Ende der Veranstaltung musste sie wieder ins Erdgeschoss hinunterkommen. Da wurde die Dramatik groß. Den Aufzug wollte sie nicht nutzen, vor der Treppe hatte sie Angst. Schließlich wurde sie unter lautem, kreischendem Protestgeschrei von den Rot-Kreuz-Mitarbeitern hinuntergetragen.

Frau Brotzer starb kurz darauf.

Für Brotzer selbst brach eine gute Zeit an. Er blühte auf und tat das, was er sich immer gewünscht aber nie gedurft hatte. Er reiste von einem Wallfahrtsort zum anderen. Von jedem schrieb er mir eine Ansichtskarte. Manchmal schrieb ich ihm eine Dankeskarte. Aber er sagte, das sei gar nicht nötig. Wenn ich ihn in der Straßenbahn traf, redete ich mit einem glücklichen, gelösten Menschen. Allerdings war er jedes Mal dicker geworden.

Brotzer konnte seine Freiheit nicht lange genießen. Er starb recht früh. Aber er hatte die wenigen Jahre der Freiheit genutzt und seinem Leben eine neue, glückliche Wendung gegeben.

Der Pastor und die Erbschaft

Wen Gott strafen will, den lässt er erben. Diesen Satz prägte ich, als meine Gemeinde erbte. Ein Fabrikant, nur locker mit der Gemeinde verbunden, hatte ihr seine Werkzeugfabrik vererbt. Ein Gemeindeglied war Prokurist in der Firma. Er titulierte mich nach der Öffnung des Testamentes scherzhaft nur noch mit „Herr Direktor".

Es ist klar, dass eine Gemeinde keine Fabrik betreiben kann. Es galt, sie zu verkaufen. Der Prokurist führte die Firma weiter bis zum Verkauf, den er plante und durchführte. Der Erlös betrug eine halbe Million DM. Das war zu jener Zeit richtig viel Geld. Was sollten wir mit so viel Geld anfangen? Das Ganze geschah kurz nach der sogenannten Wende, nach der Vereinigung der getrennten deutschen Staaten. Wir wurden uns schnell einig, dass wir zehn Prozent des Erlöses einer Gemeinde auf dem Gebiet der ehemaligen DDR spenden wollten. Ich nahm Kontakt mit der dortigen Kirchenleitung auf, die vorübergehend noch existierte. Uns wurde eine Gemeinde in der Nähe von Potsdam vorgeschlagen. Wir besuchten die Gemeinde und trafen auf überaus freundliche und gastfreie Menschen. Das Geld erwies sich als gut angelegt.

Uns blieben etwa 450.000 DM zur freien Verfügung. Nach vielem Hin und Her wurden wir uns einig: Wir nehmen das Geld für bauliche Veränderungen. Damit begann der Streit.

Neben der Kirche befand sich ein Baugrundstück. Wir waren daran interessiert, womöglich für einen Anbau unserer Kirche. Ich bat die Besitzerin um ihre Preisvorstellungen. Der Preis war so hoch, dass der Erwerb für uns nicht in Frage kam. Ich lehnte ab. Die Besitzerin rief mich daraufhin an und beschwerte sich. Ich solle doch bitte einen Gegenvorschlag machen; das sei in ihrer Branche üblich. Ich sagte: „Wenn ich Ihnen den Preis nenne, den wir dafür zahlen wollten, werden Sie lachen." Damit war diese Frage erledigt. Wenig später standen vier schmale Einfamilienhäuser auf dem Grundstück.

Die nächste Frage: Wieviel Geld wollten wir behalten, wieviel ausgeben? Um Klarheit über die Möglichkeiten zu erkennen, die der hohe Betrag eröffnete, bat ich den Architekten, der zu unserer Gemeinde gehörte, um einen Entwurf. Es verlief ähnlich wie bei dem Neubau des Gemeindezentrums am anderen Ort: Der Entwurf wurde abgelehnt – diesmal aber nicht von den Nachbarn, sondern von Gemeindegliedern. Der Anbau sollte auf dem Rasen entstehen, auf dem die Gemeinde ab und zu ihren Kaffeenachmittag abhielt und die Kinder spielten. Die Empörung darüber war bei einigen Vätern so groß, dass sie ihre Kinder für die Ablehnung instrumentalisierten. Der Entwurf landete schnell im Papierkorb.

Es wurde sodann eine Analyse vorgenommen, welches Raumangebot für die Zukunft der Gemeinde sinnvoll sei. Da gingen die Meinungen weit auseinander. Nur in einem war man sich einig: Die Küche sollte erweitert werden. Aber wie groß sollte sie werden? Der Prokurist jener Firma plädierte für eine minimale Lösung. Die hätte das Foyer verkleinert, also den Ort, an dem die Gemeindeglieder sich trafen und ins Gespräch miteinander kamen. Das wäre ein Verlust gewesen. Der Kassenführer wollte 100.000 Euro als Polster in seiner Kasse behalten. Der Vorschlag wurde von wenigen gutgeheißen, nämlich von denen, die das verkleinerte Foyer in Kauf nehmen würden. Eine Mehrheit bekam er nicht und war darüber stocksauer. Der Architekt legte einen neuen Entwurf vor. Diesmal sollte die Wiese erhalten bleiben, das Gebäude sollte aufgestockt werden. Ein Riss ging durch den Vorstand. Beide Seiten waren höchst unzufrieden mit den Vorschlägen der jeweils anderen Seite. Das Gespräch wurde immer emotionaler. Schimpfreden wurden laut. Unversöhnlichkeit stand im Raum. Dieses war der Punkt, an dem ich sagte: Wen Gott strafen will, den lässt er erben. Ich musste in die Diskussion eingreifen. Schließlich kam es zur Abstimmung. Der Entwurf des Architekten wurde angenommen. Das Wunder geschah: Die Gegner waren so fair, das Ergebnis zu akzeptieren. Die Vorstandsmitglieder trugen einander nichts nach und arbeiteten wieder harmonisch zusammen. Dass der Entwurf unnötigerweise Raum verschenkte, wurde mir erst nach Beendigung des Baus klar. Gesagt habe ich darüber kein Wort.

Aber die neuen Toiletten hatten ein Problem. In den Dachfenstern spiegelten sich die Kabinen. Man hätte den Benutzer im spiegelnden Fensterglas beobachten können. Ich empfahl, statt des glatten Glases ein raues zu verwenden. Eine einfache Lösung, auf die der Architekt hätte kommen müssen.

Einen Teil des Geldes verwendeten wir dazu, das Haus zu isolieren. Es wurde mit Styropor eingekleidet. Als das vollendet war und das Haus in styroporweiß erstrahlte, kam der Inhaber eines Geschäftes von der gegenüberliegenden Straßenseite aufgeregt zu mir und fragte ganz entnervt, ob das Haus wohl so weiß bleiben solle; die Reflexion würde blenden und sei unerträglich, sie würde nicht nur ihn, sondern auch seine Kundschaft stören. Er werde dagegen vorgehen. Ich konnte ihn beruhigen. Das Haus werde in demselben angenehmen Grundton gestrichen, wie er es gewohnt war.

Das geschah auch. Die Mauern wurden verputzt und grün gestrichen. Beides musste wiederholt werden, weil sich Abstufungen an der Wand ergaben. Auch die Aufschrift musste wiederhergestellt werden, sehr zum Unmut des Malermeisters. „Da muss ich ja wie in früheren Zeiten den Malstock nehmen!" Den benutzt man, um eine ruhige Hand zu bekommen. Er nahm den Auftrag dennoch an und malte meisterhaft mit Hilfe des Malstocks den Namen unserer Kirche an die Wand.

Aber mit der Bezahlung gab es ein Problem: Wir erhielten keine Rechnung. Es war eine groteske Situation. In der Regel schickt der Unternehmer dem Kunden eine Mahnung, wenn dieser nicht bezahlt. Hier musste der Kunde dem Unternehmer mehrere Mahnungen schicken, er solle doch endlich die Rechnung fertigstellen. Ich telefonierte in gewissen Abständen mit dem Unternehmer. Ich wurde von Mal zu Mal vertröstet. Es dauerte ein ganzes Jahr, bis wir die Rechnung in Händen hielten. Mit der Bezahlung hielten wir es dann genauso. Am Ende waren alle glücklich. Die Strafe Gottes durch das Erbe war beendet.

Der Pastor und zwei Mitarbeiterinnen

Beim Mittagessen nach dem Gottesdienst fragte mich meine Frau, ob ich bemerkt hätte, dass zwei meiner Mitarbeiterinnen sich vor den Gebeten schnell ein Kopftuch aufgezogen hatten und es nach dem Gebet schnell wieder verschwinden ließen. Ich hatte es nicht gemerkt, war jedoch alarmiert. Ich fürchtete so eine Art Fanatismus und bestellte die beiden bei mir ein. Sie kamen auch. Meine Befürchtung sollte sich bestätigen.

Ich fragte die jungen Frauen, warum sie das taten und beim Gebet ein Kopftuch aufzogen. Ja, das stünde so in der Bibel, im Korintherbrief des Paulus (1. Korinther 11). Ein junger Mann aus einer Nachbargemeinde habe es ihnen gesagt. Man müsse doch der Bibel gehorsam sein. Und das wollten sie.

Ich wandte ein: Wenn jemand auf der Kopfbedeckung besteht, weil es in der Bibel steht, von dem dürfe man auch erwarten, dass er oder sie auch den anderen Aufforderungen der Bibel Folge leisten würden. Wie sie denn mit der Aufforderung des Paulus umgehen würden, dass die Frau in der Gemeinde schweigen solle? Das sehe doch auch in der Bibel (1. Korinther 14). Ja, meinten sie, das sei völlig richtig und sie würden sich ja auch danach verhalten. Ich solle sie nur von der Liste der Lektoren streichen.

Ich äußerte mein Erstaunen. „Ihr richtet euch danach, dass die Frau schweigen soll in der Gemeinde? Ihr schweigt doch gar nicht in der Gemeinde! Ihr seid doch Sonntagsschullehrerinnen! Ich gehe also davon aus, dass ihr keine Sonntagsschularbeit mehr macht"" Ja, das denn nun aber doch nicht, die Arbeit mit den Kindern habe doch nichts mit dem Paulinischen Schweigegebot zu tun. Das beziehe sich doch nur auf die Verkündigung! Ich antwortete: „Eine Arbeit mit Kindern, die keine Verkündigung ist, hat in der Gemeinde keinen Platz!" Dem konnten sie schwerlich widersprechen. „Und im Chor will ich euch dann auch nicht mehr sehen!" Sie waren verdutzt. „Ja, wisst ihr nicht, dass bis ungefähr 1750 keine Frau in einem kirchlichen Chor singen durfte? Die Frauenstimmen waren für Knaben oder Kastraten. Die wurden ja extra in ihrer Kinderzeit kastriert, damit man auch späterhin Soprane hatte. Denn der Gesang eines Verkündigungsliedes, der Name sagt es ja schon, ist auch Verkündigung! Und ihr setzt euch während eines Gottesdienstes nicht mehr auf die Orgelbank. Ob mit Kopftuch oder ohne! Das Orgelspiel in einer Gemeinde ist auch Verkündigung, besonders bei der Liedbegleitung. Sonst könnten wir es ja auch bleiben lassen." Sie wurden immer schweigsamer.

Ja gut, aber warum stehe das dann in der Bibel? Ich sagte, man müsse es aus der Zeit heraus verstehen. Man könne die Umstände heute ganz gut rekonstruieren. So sei eine Frau ohne Kopfbedeckung in der Hafenstadt Korinth als Hure angesehen worden. Und das Gebot, dass die Frau in der Gemeinde schweigen solle, übertrete Paulus selbst an vielen Stellen. Vielleicht meinte er hier eine besondere Art von Frauen, oder welche, die im Gottesdienst ständig dazwischen quasselten.

Ich weiß nicht, was sie mehr überzeugt hat – der Hinweis auf die Zeitbezogenheit der biblischen Aussagen oder die Aussicht, alle Ämter in der Gemeinde außer Kaffeekochen aufgeben zu müssen. Jedenfalls war das Thema damit offensichtlich erledigt. Ich sah kein Kopftuch mehr und sie taten ihren Dienst in der Gemeinde weiterhin mit Liebe und Einsatz. Eine von ihnen meldete sich gar für einen Missionsauftrag.

Der Pastor und der Fahrradunfall

Sie kamen aus dem Gebüsch gesprintet wie Ziethen aus dem Busch. Es waren zwei Polizistinnen, die mich sanft vom Erdboden aufhoben. Mein Fahrrad lag unter mir, mit meinen Beinen sonderbar verschränkt. Ich war gestürzt. Seit vielen Monaten fuhr ich diese Strecke schon. Sie verband mein Büro mit meiner Wohnung und war ungefähr sechs Kilometer lang. Dazwischen lag noch ein Freibad, so dass ich sommertags meine Fahrradfahrt mit einem erfrischenden Bad unterbrechen konnte. So konnte ich etwas für meine zugegeben recht schwache Kondition tun und hatte zusätzlich das Vergnügen, ein Fortbewegungsmittel zu verwenden, das ich von Kind auf kannte. In Ostfriesland wurde man sozusagen mit dem Fahrrad unter dem Hintern geboren. Es machte mir einfach Spaß, immer neue Routen zu finden, auf denen ich womöglich noch schneller von Ort zu Ort fahren konnte.

Doch an diesem Vormittag fühlte ich mich etwas zu sicher. Ich befuhr einen Schotterweg. Ausgerechnet in einer Kurve in meldete sich in meiner Jackentasche mein Handy. Handy auf dem Fahrrad? Ich saß ja nicht am Steuer eines Autos, also warum nicht! Mit der rechten Hand lenkte ich mein Fahrrad, mit der linken Hand nestelte ich mein Handy aus der Jackentasche – es kam, wie es kommen musste. Der Schotter gab unter meinem Vorderreifen nach, und ehe ich mich versah, landete ich darauf. Die Hose war dahin, und am Kopf hatte ich eine blutende Wunde. Die Polizistinnen brachten mich in ein Krankenhaus. Dort wurde die Wunde fachmännisch versorgt und ich wurde entlassen. Mein Fahrrad stand bei der Polizei, dort konnte ich es dann abholen.

Übrigens: die Bedienung eines Handys ist auch auf dem Fahrrad verboten und wird mit einem Bußgeld bedroht. Die Polizistinnen wussten zum Glück nicht, was meinen Unfall verursacht hatte.

Der Pastor in der Ökumene

Es war mit ein Herzensanliegen, mit den Kollegen aus den anderen Kirchen und ihren Gemeinden in engem Kontakt zu stehen. Dabei war es unerheblich, zu welcher Konfession sie gerade gehörten. Wunderbare Erfahrungen habe ich zum Beispiel mit katholischen Kollegen gemacht. Ein Pater bemerkte, dass die Druckqualität meines Gemeindebriefes zu wünschen ließ. Prompt bot er mir an, das Drucken mit seiner Offsetdruckmaschine zu übernehmen. Ich konnte Tag und Nacht zu ihm kommen, er war für mich da.

Als die Ehe von Irma gescheitert war, kam die Frage auf, ob sie sich nicht scheiden lassen wollte. Ich war damals unsicher, ob ich die Scheidung wirklich empfehlen sollte. Ich hatte ein eher konservatives Eheverständnis. Also wandte ich mich an meinen katholischen Freund und schilderte ihm die Situation. Er antwortete: „Diese Ehe muss annulliert werden." Ich konnte die Scheidung guten Gewissens empfehlen.

An demselben Ort lernte ich einen landeskirchlichen Kollegen kennen. Mit ihm zusammen erreichten wir ein seltenes ökumenisches Ereignis. In dem Ort gab es außer der methodistischen und der Landeskirche noch die Selbständige Lutherische Kirche, genannt SELK. Ich war bei der Investitur des Ortspfarrers dabei – ein prachtvolles Ritual mit farbenfrohem Einzug der kirchlichen Größen. Die Predigt war, wie nicht anders zu erwarten, in der Wolle gefärbtes Luthertum – durchaus nicht unangenehm zu hören. Die SELK lehnt jede Ökumene mit anderen als selbstständig-lutherischen Kirche ab. Mein Freund und ich wollten das nicht hinnehmen, sondern erstrebten, dass die drei Kirchen des Ortes nicht einfach nebeneinander existierten. Vor allem war es uns darum zu tun, eine gewisse religiöse christliche Toleranz in dem Dorf zu erreichen. Wir begaben uns zu dem soeben investierten Pfarrer und trugen ihm unser Anliegen vor. Er war nicht unbedingt begeistert. Ich sagte daraufhin zu ihm: „Wir wollen gemeinsam Gott loben und so den Zusammenhalt des Dorfes verstärken. Wir werden Ihre Leute nicht missionieren und Sie unsere nicht." Das waren die entscheidenden Worte. Wir feierten ein großartiges ökumenisches Fest, an dem alle drei protestantischen Kirchen beteiligt waren.

Der Kollege aus der Landeskirche war noch genauso jung wie wir. Was lag näher, als privat miteinander zu verkehren? Er und seine Frau saßen bei uns auf dem Sofa, einen guten Wein im Glas, ein erlesenes Appetithäppchen in der Hand und er stöhnte beseligt: „Das ist Ökumene!"

An einem neuen Ort galt es neue Kontakte zu knüpfen. Gerade war ein katholischer Priester aus seinem missionarischen Dienst heraus an den Ort gekommen. Als ich ihn kennenlernte, war er ziemlich verunsichert, was die protestantischen Kirchen anging – kein Wunder bei der Vielzahl der Denominationen. Ich erklärte ihm die lutherische, die reformierte und die unierte Kirche, die Evangelisch-methodistische, die Baptistische Kirche, die Freie Evangelische Gemeinde, die Pfingstler und die „Finen". Das waren Christen, die für sich beanspruchten, die einzig wirklich Gläubigen zu sein. Sie schotteten sich von allen anderen Christen ab, kleideten sich wie im 19. Jahrhundert und verkündigten eine rigide biblizistische Theologie. Sie lehnten auch die Kirchenmusik ab. Aber sie konnten wunderbar mehrstimmig singen. Der Katholik schrieb sich alles sorgfältig auf.

Mit diesem Pfarrer war ich freundschaftlich verbunden. Immer wieder saß er bei mir auf dem Sofa und lobte meine Weine. Er brachte einmal auch jemanden mit. Es war ein Vikar, ein aufgeschlossener junger Mann, sehr sympathisch. So lernte er dann auch ein Mädchen kennen, das ihm gefiel, und aus wars mit dem Priestertum.

Ein anderer war ein Asket. Mager und ausgezehrt sah der Kollege aus. Vor seinem Theologiestudium hatte er Physik studiert. Er empfand es als eine starke Belastung für sein Gewissen, dass es ihm so gut ging und so viele Menschen hungers sterben mussten. Er zog die Konsequenz und spendete Monat für Monat sein halbes Einkommen. Seine Tochter stand hingegen gut im Futter, wie man so sagt. Sie verliebte sich in einen jungen Mann meiner Gemeinde, der in seiner Statur ihrem Vater glich und heiratete ihn.

Ich kam mit diesem Pfarrer gut zurecht. Doch einmal erntete ich seinen entschiedenen Widerspruch. Wir hatten einen Kanzeltausch vereinbart; er sollte in meiner Gemeinde predigen, ich in seiner. Ich hatte den Predigttext und die Lieder ausgewählt und wollte beides dem Pfarrer telefonisch übermitteln. Doch er sagte ziemlich aufgebracht: „Wer glauben Sie denn, dass Sie sind, dass Sie unserer Kantorin vorschreiben wollen, welche Lieder gesungen werden sollen?" Ich war perplex. Das war ich nicht gewohnt und damit hatte ich nun wirklich nicht gerechnet. Ich rief die Kantorin an und teilte ihr meinen

Predigttext mit. Wenig später rief sie mich zurück und stellte mir ihre Liedauswahl vor. Sie stimmte mit der meinen völlig überein.

Eines Tages saß er mit einigen anderen Kollegen in meinem Wohnzimmer. Sie hatten ein Problem mit mir. Ich hatte religiöse Bestattungen von Verstorbenen übernommen, die aus der Kirche ausgetreten waren und hatte vor, das auch weiterhin zu tun. Das gefiel den Kollegen gar nicht. Der Wortführer sagte: „Sie nehmen uns damit unser einziges Mittel, unsere Mitglieder zu disziplinieren. Wer austritt, hat kein Recht mehr auf eine kirchliche Bestattung. Und nun kommen Sie und tun genau das, was wir aus gutem Grund ablehnen. Was tun Sie da eigentlich?!" Ich antwortete: „Das will ich Ihnen sagen. Ich erhalte Ihnen Ihre Mitglieder." Das Erstaunen war groß. „Das müssen Sie uns erklären!" Ich erzählte ihnen, dass die Verstorbenen ausschließlich Ehegatten gehabt hatten, die noch zu ihrer Kirche gehörten. „Wie oft habe ich gehört: Wenn Sie nicht gewesen wären, Herr Lüken, dann wären wir auch aus der Kirche ausgetreten." Ein längeres Schweigen folgte. Dann vereinbarten wir, dass ich bei den Beerdigungen keinen Talar mehr tragen, sondern einfach im schwarzen Anzug agieren würde. Damit waren die Kollegen zufrieden und zogen wieder ab. Ich habe durch diese Vereinbarung keinerlei Schaden erlitten. Die ökumenische Zusammenarbeit ebenfalls nicht.

Der Pastor und die Beerdigungen

Drei der sogenannten freien Beerdigungen sind mir im Gedächtnis geblieben. Ich legte immer Wert darauf, dass die Botschaft Jesu Christi in irgendeiner Form zur Sprache kam. Das fand nicht immer Anklang. In der Regel jedoch zeigten sich die Angehörigen dankbar; je klarer ich vom Evangelium her sprach, desto größer war die Dankbarkeit. Auch ermutigte ich die Hinterbliebenen bei der Vorbereitung des Lebenslaufes stets, bei der Wahrheit zu bleiben, man kann jede noch so problematische Wahrheit so aussprechen, dass sie weder verletzend noch ehrenrührig wird. Auch in der Familie, die nun zur Debatte steht, wollte ich es so halten. Hier nun fand ich keinen Anklang mit meiner Art. Es gab eine Diskussion, an deren Ende der Sohn des Verstorbenen sagte: „Wir bezahlen Sie doch; Sie müssen das sagen, was wir wollen!" Da klappte ich mein Notizbuch zu und sagte: „Sie können meine Dienstleistung kaufen, aber mich können Sie nicht kaufen." Sprach es und entschwand den ungläubigen Blicken meiner Kundschaft.

Eine andere Familie mit nur lockerer Verbindung zur Gemeinde wünschte sich, dass um Himmels willen keine frommen Lieder in der Trauerfeier gesungen werden sollten. In solchen Fällen pflegte ich den Angehörigen nahezulegen, lieber ganz auf das Singen zu verzichten. Nein, das wollten sie denn doch nicht, nur christlich sollte es nicht sein. Ja, was sie sich denn so vorstellten? Bei ihrer Antwort musste ich ein triumphierendes Grinsen verbeißen. Sie forderten das Lied „Amazing grace"!

Von ganz anderer Art war die Beerdigung eines Trainers, der eine bekannte Pferdesportlerin gecoacht hatte. Dadurch hatte auch er selbst Berühmtheit erlangt. Er war aus der Kirche ausgetreten, sodass man mich bat, die Feierlichkeit zu übernehmen. Selbstverständlich wollte ich das. In der Friedhofskirche angekommen bot sich mir folgendes Bild: Vorne stand der Sarg, umkränzt von Lorbeerbäumchen, einem überreichen Blumenschmuck und zahllosen aufwändigen Kränzen. Auch die Witwe des Verstorbenen war dabei, und das war das Problem. Ihr gefiel das Arrangement nicht. Das Ziel ihrer Verbesserungsvorschläge war der Friedhofsgärtner, der es ihr nun gar nicht recht machen konnte. Dieser Kranz musste hierhin verschoben werden, jener dorthin, der Blumenschmuck brauchte einen anderen Ort, an dem er besser Geltung käme. Die Lorbeerbäumchen standen zu nahe am Sarg – das war die einzige sinnvolle Anordnung, die sie traf –, das Gebinde auf dem Sarg musste verschoben werden und so weiter. Fazit: Ich stand am Rednerpult gelehnt und schaute verständnislos und amüsiert dem Treiben zu; einen darauffolgenden Termin hatte ich nicht. Der Organist machte sich an seinem Instrument zu schaffen, die Trauergäste gähnten immer unverhohlener. Der Beerdigungsunternehmen versuchte, zu retten, was zu retten war: „Jetzt sieht es aber toll aus, finden Sie nicht? – „Nein, so nicht!". Sie war am Ende immer noch nicht zufrieden, aber sie gestattete nach einer vollen Stunde den Beginn des Trauergottesdienstes. Da kamen aus einem Seiteneingang sechs junge Mädchen, mit weißen Kleidern angetan, mit Blumen bekränzt, nahmen rechts und links vom Sarg Position – dafür also hatten die Lorbeerbäumchen verschoben werden müssen – und heulten Rotz und Wasser. Ich hatte Angst, sie würden zusammenbrechen. Das taten sie natürlich nicht. Ich aber hielt meine Rede so kurz wie nur möglich.

Der Pastor und das Taxi

Durch meine gesundheitliche Behinderung und den notwendigen Taxifahrten zu meiner Behandlung habe ich meine Meinung über Taxifahrer geändert – siehe mein Erlebnis bei der Einsetzung Johannes Vetters. Ich habe Taxifahrer kennengelernt, von denen ich nur in höchsten Tönen berichten kann. Pünktlich, freundlich, zugewandt – mehr kann man nun wirklich nicht verlangen. Es gibt aber Taxi-Unternehmen, die darauf nicht geeicht sind.

Ich hatte Orgeldienst in einer historischen Kirche in der Nachbarschaft. Es war ein Familiengottesdienst, und ich hatte den Zettel mit dem Ablauf verlegt. Also marschierte ich von der Orgel in den Kirchenraum. Ich kam nicht weit, sondern stolperte über eine Stufe. Sofort waren ein paar Gottesdienstbesucher bei mir und halfen mir auf. Ich blutete ziemlich stark am Kopf. Die Beteiligten bestanden darauf, einen Krankenwagen anzufordern, der mich dann in ein Krankenhaus brachte. Es war nicht weiter schlimm, die Wunde wurde geklammert und damit hatte es sich. Zwei Stunden später stand ich vor dem Portier und bat ihn, mir ein Taxi für die Heimfahrt zu besorgen. Selbstverständlich, kein Problem. Anruf Nummer eins: Im Prinzip ja, aber erst in anderthalb Stunden. So lange wollte ich nicht warten. Anruf Nummer zwei: Im Prinzip ja, aber erst in einer Stunde. Ich ließ mich also im Vorraum nieder und wartete eine Stunde, eine Viertelstunde länger, eine halbe Stunde. Ich ging wieder zum Portier. Der reif nochmal die Unternehmen an. Beide antworteten: Nein, leider nicht, die Wagen stehen am Flughafen. Das Pulver des Portiers war noch nicht verschossen. Er rief in einem Nachbarort an. Am Gesicht sah ich, dass er wohl Erfolg haben würde. Aber als er sagte, wohin die Fahrt gehen sollte, verdüsterte sich sein Gesicht. Die Taxis seien nicht frei, sie stünden am Flughafen. Acht weitere Unternehmen rief der Portier an, vergeblich. Er nannte das Zeil der Fahrt und plötzlich standen bei allen Unternehmen die Taxis am Flughafen. Ausnahmslos. Vermutlich erschien ihnen die Fahrt vom Krankenhaus zu meiner Wohnung zu wenig lukrativ. Da gaben sie lieber vor, am Flughafen auf Kunden zu warten.

Ich war ratlos. Meine Frau war unterwegs und hatte noch keine Ahnung von meinem Missgeschick. Wie sollte ich nur nach Hause kommen? Ich rief meine Frau auf Handy an. Sie saß noch im Omnibus und war ziemlich irritiert, dass ich sie nicht gleich angerufen hatte. Sie wolle ihre Sekretärin schicken, die werde mich bestimmt abholen. Der Portier kam auch auf eine Idee. Die grüne Dame! Er rief sie an, und sie war sofort bereit, mich zu holen. Jetzt hatte ich plötzlich zwei Fahrgelegenheiten. Welche davon sollte ich in Anspruch nehmen? Ich entschied mich für die grüne Dame und rief meine Frau an, dass sie sich nicht weiter zu bemühen brauche. Sie hatte aber schon die Zusage ihrer Sekretärin. Sie wählte noch einmal ihre Telefonnummer in der Hoffnung, sie sei noch nicht abgefahren. Sie hatte schon in der Haustür gestanden und wollte nur noch eben wissen, wer da am Telefon wäre. Sie war nicht traurig darüber, dass sie nun zu Hause bleiben durfte.

Die grüne Dame wohnte ein paar Häuser weiter als ich. Sie war außerordentlich freundlich und lehnte jede Bezahlung ab. Ich gab ihr 20 Euro für ihren Verbund der grünen Damen.

Zu berichten bleibt lediglich noch, dass der Pfarrer am späten Nachmittag zusammen mit seiner Frau bei mir erschien und sich nach meinem Ergehen erkundigte.

Bei dieser Geschichte war meine neue, sehr teure Brille völlig verbogen. Nur die Gläser waren noch ganz. Meine Frau fuhr mich am nächsten Tag zu meinem Optiker. Zu meiner Überraschung konnte die Brille vollständig gerichtet werden. Als kostenloser Kundendienst.

Der Pastor und der Schrebergarten

Wie wir auf diesen Gedanken kamen, weiß ich nicht mehr. Jedenfalls bemühten wir uns um einen Schrebergartenplatz. Wir bekamen auf Fürsprache einer Dame aus der Gemeinde vom Kleingartenverein auch einen entsprechenden Platz zugewiesen. Er war nach unserer Meinung ziemlich groß. In einer festen Hütte konnten wir unsere Gartengeräte unterbringen und uns bei einem überraschenden Wetterwechsel aufhalten. Was waren wir stolz auf unseren Garten! Ich pflanzte die verschiedensten Kräuter an: Estragon, Rosmarin, Majoran, was man sich nur vorstellen kann. Am schönsten war der Ysop mit seinen dunkelblauen Blüten. Der Thymian bildete ein beblümtes Kissen, auch dies begeisternd. Aber natürlich reichte dieser Anbau nicht für den großen Garten, und wir gaben uns alle Mühe, weitere Teile uns anzueignen. Doch wir konnten tut, was wir wollten, immer sahen die Nachbargrundstücke gepflegter aus. Mit anderen Worten: Wir hatten uns heillos überfordert. Und das in einer Anlage, die an einem Wettbewerb um den schönsten Schrebergarten teilnehmen wollte! Kurz und gut, nach einer Weile erhielten wir einen blauen Brief. Darin wurde uns mitgeteilt, dass unsere Vorstellung, wie man einen Garten zu pflegen hatte, sich von der des Kleingartenvereins zu sehr unterschieden und wir möchten den Schlüssel dann und dann dem Vorstand zurückgeben. Angenehm war dieses Schreiben nicht; es zeugte immerhin von einem Versagen. Aber letztlich waren wir froh, von dieser

Bürde befreit zu sein. Ich habe seither nie wieder einen Spaten in die Hand genommen.

Der Pastor und die Gemeindehopper

Es gibt sie, die Christen, denen keine Gemeinde gut genug ist und die infolgedessen von Gemeinde zu Gemeinde springen, nirgendwo zu Hause sind und überall Irritation und Chaos verursachen. Ich hatte mehrere davon. Besonders schmerzlich waren drei Ehepaare. Das Ehepaar Fenner war bereits im vorgerückten Alter. Warum sie zu uns kamen, weiß ich nicht mehr. Sie integrierten sich rasch, schlossen Freundschaften bis hin zu Umarmungen. Bis zu jenem verheerenden Mittagessen in der Gemeinde. Da sollte es Gulasch geben. Man konnte sich eintragen, wenn man zu Hause Gulasch kochen wollte. In der Gemeinde sollten dann die Gulaschtöpfe zusammengemischt werden zu einem einzigen großen Gulaschtopf. Das klappte auch vorzüglich – bis Ehepaar Fenner eintraf. Sie hatten auch einen Topf mit Gulasch mitgebracht. Es muss wohl ein ganz besonderes Rezept gewesen sein. Jedenfalls weigerten sie sich, ihr Produkt den anderen hinzuzufügen. Es gab einen Wortwechsel, Fenners schnappten ihren Topf, verließen fluchtartig die Kirche und wurden nie wieder gesehen.

Es sind manchmal Kleinigkeiten, über sich die Leute aufregen. Eine Freundin der Gemeinde war empört, als zum Gurkensalat die Gurken vollständig verwertet wurden – die Enden seien doch bitter! Beinahe hätten wir sie verloren. Ich selbst war es, der zu ihr sagte: „Ja, bei uns werden die Enden auch nicht verwendet." Wir aßen damals nämlich keinen Gurkensalat. Das beruhigte sie und sie blieb uns mitsamt ihrem Manne gewogen.

Das andere Ehepaar Hackel (Name verändert!) kam ebenfalls auf verschlungenen Wegen zu uns, die nicht mehr nachvollziehbar sind. Sie waren etwa Mitte 50. Sie ließen keinen Gottesdienst aus. Sie feierten die Gemeindefeste mit, sie wanderten mit, wenn alle wanderten, ja, meine kleine Tochter legte ihre Hand vertrauensvoll in die des Mannes. Es sah aus, als hätten wir zuverlässige, freundliche Leute für unsere Gemeinde geworben. Doch dann kam ein Abend, der den Bruch herbeiführte. Wir hatten damals ein Gemeindeaufbauseminar, in dem wir alle Veranstaltungen auf den Prüfstand stellten. Am Ende stand die Gemeinde auf neuen Füßen, das Vertrauen zueinander war wiederhergestellt, wir konnten mit neuerm Verve an unsere Arbeit gehen. An jenem verhängnisvollen Abend wurden die Ergebnisse im kleinen Kreis vorgestellt und besprochen. Plötzlich gab es einen Wortwechsel. Hackel hatte einen Einwand und richtete ihn an Ulrich Kilian. Der nahm den Einwand auf und stellte ihn zu Diskussion. Hackel wurde überstimmt. Er wandte sich an Behnke und fragte ihn: „Welche Rang hast du beim Militär?" Behnke antwortete: „Ich bin Oberst." – „Also, Herr Oberst…" Was er weiter sagte, weiß ich nicht mehr. Er packte seine Handgelenktasche zusammen und wartete das Ende der Sitzung mit verkniffenem Gesicht ab. Seine Frau war als Zuhörerin auch anwesend. Gemeinsam verließen sie die Kirche. Ein Gemeindeglied, das zufällig in ihre Nähe kam, hörte noch die Worte, von Frau Hackel gesprochen: „Aber wir können doch nicht schon wieder eine neue Gemeinde…" Jetzt war es klar, wir hatten es mit Gemeindehoppern zu tun gehabt. Die Ehegattin wollte uns zwar treu bleiben; sie bat auch um einen Besuch. Aber das Machtwort ihres Mannes hinderte sie daran. Wo sie geblieben sind, weiß ich nicht.

Er war eine elegante Erscheinung. Silbergraues, nach hinten gekämmtes Haar, gepflegte Garderobe, kurz, ein Herr. Hermann Brauer kam zu einer Veranstaltung, in der ich ein Kunstwerk in seinem Bezug zur Religion vorstellte. Er war schlichtweg begeistert. Von da an kam er jeden Sonntag in den Gottesdienst. Er kam in den sogenannten Offenen Kreis, in dem verschiedene Themen behandelt wurden. Er übernahm die Gestaltung mehrerer Abende. Er kam zu den Konzerten, die wir veranstalteten. Er war gebildet und sprachgewandt. Kurz, er berechtigte zu den schönsten Hoffnungen. Seine Treue zu unserer Gemeinde überstand auch einen Unfall; er war von einem Auto überfahren worden. Doch dann stellte ich fest: Er kommt nicht mehr! Ich war beunruhigt. Ich suchte ihn an seiner Adresse auf – vergebens. Ich schrieb ihm einen Brief – keine Antwort. Aber dann fand ich in meinem Briefkasten doch noch ein Schreiben von seiner Hand, in Schönschrift verfasst. Er sei mir doch eine Erklärung schuldig, bekundete er. Er beschrieb seinen Weg zurück in seine Heimatkirche, es war die katholische. Er sei dort überglücklich. Aber das war nur die eine Seite der Wahrheit. Die andere erfuhr ich nur so nebenbei. Herrmann Brauer lebte mit einem Lebensgefährten zusammen; er war schwul. Ein Gemeindeglied hatte davon erfahren und sich christliche Traktate besorgt, in denen die Homosexualität verurteilt und Wege zur „Heilung" aufgezeigt wurden. Hermann Brauer glaubte, die ganze Gemeinde sei so eingestellt und verließ uns. Ob er in der katholischen Kirche wirklich angekommen ist, weiß ich nicht. Bei den zahlreichen ökumenischen Veranstaltungen traf ich ihn nicht.

Einer Frau habe ich selbst die Empfehlung gegeben, sich eine andere Gemeinde zu suchen. Sie kam auf Anraten eines gemeinsamen Bekannten zu uns. Sie erzählte, dass sie Aussteigerin bei den Zeugen Jehovas sei. Nun sei sie auf der Suche nach einer christlichen Gemeinde, und der Bekannte habe so überzeugend von den Methodisten gesprochen, dass sie die Gemeinde einfach mal kennenlernen wollte. Es ließ sich auch gut an mit ihr, sie war treu, engagiert und aufnahmefähig. Doch dann stellte sie die Bitte an mich, sie doch zu taufen. Ich fragte sie, ob sie denn nicht getauft worden sei. Doch, das sei sie, aber als Baby. Nun habe sie ein neues Leben gewonnen und wolle auch dieses unter das Zeichen der Taufe stellen. Ich versuchte, ihr zu begreiflich zu machen, dass es keine zweite Taufe geben könne, genauso wenig wie eine zweite Geburt. Sie jedoch bestand auf ihren Wunsch. Es blieb mir nichts anderes übrig, als dies abzuschlagen. Ich ließ es jedoch nicht dabei bewenden. Ich sagte ihr, dass ich sie sehr schätzte, dass sie eine Bereicherung für unsere Gemeinde sei, aber taufen könne ich sie nicht. Ich sagte: „Wenn Sie unbedingt noch einmal getauft werden möchte, versuchen Sie es doch bei der Baptistenkirche. Die denken und verkündigen so ähnlich wie wir, aber sie haben die Erwachsenentaufe, weil sie die Babytaufen nicht akzeptieren." Sie nahm diesen Rat dankbar an, wandte sich an den baptistischen Pastor und war kurz darauf getauft. Sie wurde ein dankbares und engagiertes Mitglied der baptistischen Gemeinde. Ich hätte sie gern bei uns behalten. Aber ihren Wunsch nach einer Taufe konnte ich nicht erfüllen. Die Hauptsache war, dass sie eine Gemeinde fand, die ihr den Weg zu einem lebendigen Kontakt zu Gott zeigen konnte.

Der Pastor und seine Ärzte

Meine lebenslange gesundheitliche Behinderung machte immer wieder einen Arztbesuch notwendig. Meistens fand ich recht verständnisvolle Partner. Sehr ungern erinnere ich mich indessen an einen Urologen, der alle Patienten auf acht Uhr morgens bestellte. Das Wartezimmer war immer gerammelt voll. Nach langer Wartezeit war endlich dann die Reihe an mich gekommen. Der Arzt nahm verschiedene Untersuchungen vor, erstellte ein Röntgenbild und verschwand. Ich saß da ohne jede Diagnose – ich war tief beunruhigt. Ich rief ihn dann an. Darüber war er ziemlich ungehalten. Die Spitze ärztlichen Hochmuts war erreicht, als er mich ohne mich zu informieren in einem Krankenhaus anmeldete, und das in der Vorweihnachtszeit, in der ich viel zu tun hatte. Ich sagte dem Termin ab und bekam einen neuen ein Vierteljahr später. Dann fragte man mich noch, warum in aller Welt ich den Termin verlegen ließ.

Demgegenüber stehen viele Erlebnisse mit Ärzten, die wirklich in jeder Hinsicht heilsam waren. Besonders gern erinnere ich mich an einen von ihnen, mit dem ich in einen engeren Kontakt kam. Bei meinem ersten Besuch sagte er: „Ich bin vierzig; und jeder, der unter vierzig ist, ist jung!" Ich war noch keine vierzig. Seine Frau kümmerte sich um einen Krebspatienten im Endstadium. Als dieser gestorben war, bekam ich den Auftrag für eine Rundfunksendung. Ich entschloss mich zu dem Thema Sterbebegleitung. Die Frau meines Arztes wurde dabei eine Kronzeugin.

Bei einer früheren Untersuchung wies ich sehr erhöhte Cholesterinwerte auf. Der Arzt verbot mir dies und das, nur noch Grünzeug und so weiter. Als nun die Sendung um die Sterbehilfe gelaufen war, luden er und seine Frau mich ein, das an einem Abend zu feiern. Ich sagte zu und erwartete nichts anderes als Grünzeug und so weiter. Was dann auf dem Tischstand, überraschte mich. Es war ein Käseraclette aufgebaut, verschiedene Würste und Würstchen warteten auf den Verzehr, kleine Hackfleischbällchen lagen daneben – alles Speisen, die mir der Arzt Tage zuvor verboten hatte. Ich sagte, das alles dürfe ich doch gar nicht essen. Der Arzt lächelte und sagte: „Doch, das dürfen Sie. Praxis ist Praxis und privat ist privat!" Ich konnte herzhaft zugreifen und tat dies auch nach Herzenslust.

Der Pastor und die kleinen Alltagserlebnisse

Meine Frau war mit unserem kleinen Sohn auf einem großen Spielplatz. Sie hatte sich ein Buch zum Lesen mitgenommen und hatte wenig Acht auf den Kleinen. Das änderte sich, als ein paar Kinder zu ihr kamen und sich beschwerten: „Der Hans haut uns!" Der Junge wurde herbeigerufen. Er kam mit einem langen Zweig in der Hand. „Du haust andere Kinder?" fragte meine Frau. Er gab es zu. Seine Begründung: „Ich bin doch der Räuber!" Wir zerbrachen uns den Kopf, was er wohl meinte. Plötzlich verstand ich es: Wir hatten ihm die Geschichte vom Barmherzigen Samariter erzählt. Wie Kinder das so tun, spielte er sie nach und übernahm die Rolle des Räubers, der den Überfall auf das Opfer begangen hatte. Ich prägte damals den ironischen Satz: „Niemand setzt seine Kinder ungestraft dem Evangelium aus." Dem kleinen Räuber sagten wir, dass Räuber ins Gefängnis kommen; und wenn das noch einmal passiere, werde er auch gefangen genommen. In seiner kindlichen Phantasie verstand er es und unterließ fürderhin dieses Rollenspiel.

Mit unseren Kindern textierten wir manchmal bekannte Lieder um. Auch ein Weihnachtslied blieb davon nicht verschont. Das Ergebnis unserer Dichtkunst lautete: „Alle Jahre wieder schwebt ein Krokodil aus dem Himmel nieder, bringt Geschenke viel." Die Kinder waren begeistert über dieses Produkt ihrer weihnachtlichen Phantasie. Es hatte ein unvermutetes Nachspiel, zehn Monate später. Es war Weltspartag. So gingen wir mit unseren Kindern zur Bank; die Tochter hatte ihren Zehnmarkschein fest in der Hand. Die Sparkasse war gestopft voll mit Menschen jeden Alters. Eine Frau so Mitte fünfzig beugte sich über meine Tochter und fragte: „Na, sparst du für das Christkind?" Ich hatte es nicht gern, wenn Fremde eines meiner Kinder ansprachen und sagte ziemlich patzig: „Nein, wir glauben nicht an das Christkind!" Meine Tochter darauf mit Stentorstimme: „Wir glauben an das Weihnachtskrokodil!" Die Miene der Dame verrutschte und brüsk wandte sie sich ab. Ich hoffte nur eines – dass sie nicht wusste, dass ich Pastor bin.

Das ist nicht selbstverständlich. Als Wilfried Szubries mich besuchte, wollte er gern ein Bier in einer Kneipe trinken. Ich ging mit ihm in eine Eckkneipe, in der ich noch nie gewesen war. Es vergingen keine zehn Sekunden und ich hörte, wie jemand sagte: „Der Pastor!" Ich schaute mich um: Von den Anwesenden kannte ich niemanden.

Viereinhalb Stunden sind eine lange Zeit für eine Sitzung, die um acht Uhr anfängt. Wenn dann noch der Vorsitzende in Tränen ausbricht, ist das Maß voll. Ich nahm mir vor, es anders zu machen. Als ich dann selbst den Vorsitz übernahm, erstellte ich ein zeitliches Raster, in dem ich festlegte, wieviel Zeit ich für den einzelnen Tagesordnungspunkt aufwenden wollte. Ich beauftragte sodann ein Mitglied des Vorstandes, auf die Uhr zu schauen und es zu melden, wenn die Zeit überschritten sein würde. Ich hielt mich so einigermaßen an das Raster, wenngleich nicht ohne Widerspruch. „Wir lassen uns nicht hetzen!" meinte jemand. Aber die Sitzung dauerte nicht mehr bis halb eins, sondern nur noch bis viertel nach zehn. Als die Teilnehmer merkten, dass sie noch weit vor Mitternacht wieder in ihre Wohnungen kamen, hörte die Kritik schlagartig auf. Wir hatten noch viele Sitzungen, teilweise mit höchst kontroversen Tagesordnungspunkten. Aber um halb elf war jeder wieder zu Hause.

Nachwort

Das sind nur ein paar Ausschnitte aus einem reichen pastoralen Leben. Tragödien und Komödien haben sich ereignet, Geschichten zum Schmunzeln und zum Trauern. Manche Höhe habe ich erlebt, manche Niederlage. Oft ist ein und dasselbe Ereignis beides gleichzeitig.

Kreise schließen sich, weit Entferntes kommt sich plötzlich nahe, Wichtiges und Unwichtiges treffen aufeinander – der Sinn dieser Aufzeichnungen liegt darin, Lebenskreise zu erkennen und zu benennen. In ihnen zeigt sich das Stückwerk Leben. Ob es einmal ein Ganzes wird, liegt in Gottes Hand.

Zum Autor

Diederich Lüken wurde 1952 als erstes Kind eines Fleischer-
meisters in Altschwoog geboren, in der Nähe von Leer/
Ostfriesland. Dort absolvierte er das Abitur. Zum Studium
ging er nach Münster in Westfalen und studierte dort Musikwissenschaft, Germanistik und Theologie. Nach drei Semes-
tern folgte er seinem inneren Ruf und wechselte in das Evan-
gelischmethodistische Seminar in Reutlingen. Dort fand er
auch seine erste Frau. Nach dem Studium begann er seinen
Dienst in Essen. Er wurde nach Bebra versetzt, anschließend
nach Velbert im Rheinland. Dort gebar ihm seine Frau einen
Sohn und eine Tochter. In Velbert begann auch seine Karriere
als Folkloresänger mit jiddischen Liedern du Geschichten.
Damit bereiste er die ganze Bundesrepublik und Teile der
DDR. Er verfasste in denselben Jahren Texte zum ökumenischen Kreuzweg der Jugend. Er beendete seine Zeit in Velbert
und wurde zum Leiter der methodistischen Rundfunkarbeit
berufen. Dort begann sein Dienst an Deutschlandfunk,
Deutschlandfunk Kultur und Deutscher Welle, den er bis heute
ausübt. Nach Beendigung seines Auftrages wurde er nach
StuttgartBad Cannstatt versetzt. Dort heiratete er ein zweites
Mal, eine evangelische Pfarrerin. 2012 wurde er krankheits-
halber in den vorzeitigen Ruhestand versetzt. Seine Frau nahm
einen Dienstauftrag in Balingen an. Dort verbringt er seinen
Ruhestand. Er hat zwei Enkelinnen, seine Frau einen Enkel
und eine Enkelin; er lebt in einer Patchwork-Familie. Er
veröffentlichte zwei Sammlungen von Rundfunkandachten
unter den Titeln „Augenblick mal" und „Alltagsgold" und
verfasste ein Buch mit Witzen und ihre theologische Deutung
unter dem Titel „Selig sind die Lachenden."

Inhaltsverzeichnis

Matthias Hilbert

Außergewöhnliche Glaubensboten

in Ostfriesland

Vier Personenporträts:
Liudger – Johannes a Lasco –
Menno Simons – Karl Immer

ISBN: 9783754323410, 128 Seiten, € 9,90

171

Matthias Hilbert

Ostfrieslands

leidenschaftliche Pastoren

Sieben Pastorenporträts

ISBN: 9783750427747, 128 Seiten, € 9,90